投资理财
入门与实战技巧

李昊轩◎著

中华工商联合出版社

图书在版编目（CIP）数据

投资理财入门与实战技巧 / 李昊轩著. — 北京：
中华工商联合出版社，2017.6
ISBN 978-7-5158-2015-6

Ⅰ. ①投… Ⅱ. ①李… Ⅲ. ①投资－基本知识 Ⅳ.
①F830.59

中国版本图书馆CIP数据核字(2017)第118812号

投资理财入门与实战技巧

作　　者：李昊轩

策划编辑：胡小英

责任编辑：李　健　邵桃炜

装帧设计：润和佳艺

责任审读：郭敏梅

责任印制：迈致红

出版发行：中华工商联合出版社有限责任公司

印　　刷：大厂回族自治县彩虹印刷有限公司

版　　次：2017年10月第1版

印　　次：2018年3月第2次印刷

开　　本：710×1000mm　　1/16

字　　数：200千字

印　　张：14.5

书　　号：ISBN 978-7-5158-2015-6

定　　价：42.00元

服务热线：010-58301130

销售热线：010-58302813

地址邮编：北京市西城区西环广场A座
　　　　　19－20层，100044

http://www.chgslcbs.cn

E-mail：cicap1202@sina.com（营销中心）

E-mail：gslzbs@sina.com（总编室）

前言

　　"你不理财，财不理你"，这不是一句空话。生活中，大多数人都有这样一个理财认识误区：穷人赚钱主要用于消费，而富人赚钱大多用来投资。其实，理财不是有钱人的专利。据研究，美国75%的富人是白手起家，而投资和储蓄又是他们致富的主要手段。因此，可以这样说：明智的头脑会使人形成良好的习惯，而这种良好习惯又会导致财务上的充裕，使人能过上自己喜欢的生活。

　　投资理财本身就是一种生活方式，它来自生活的点点滴滴。钱少了，不够花，我们该怎么办？这就需要正确的投资理财观念和技能。特别是在当前经济下行的趋势下，"你可以跑不过刘翔，但要跑过CPI（消费物价指数）。"这句玩笑话道出了一个简单的道理。在一个通胀——哪怕只是"结构性通胀"的年代，钱即使存在银行不动也会贬值，更不要说日益增长的物价。要使自己手中的钱不像夏天的冰棍那样易化，最起码要跑赢CPI。

　　因此，适当投资理财起码能够达成两个目的：第一，通过一系列有目的、有意识的财务规划，使自己的财富能够得到合理分配，达到抵御风险的目的；第二，通过合理的理财，将获得自身资产的最大化。所以，不懂投资理财的朋友一定要及时补上这一课，已经知道一些投资理财方法的朋友则要精益求精。

赚钱不在多辛苦，只在思路胜一筹！本书阐述了多种理财方式的基本知识，并提供了很多实用的理财建议和避险方式。希望读者阅读之后，能够对投资理财从入门到精通，并能够形成自己高超的理财能力，积累起属于自己的那一份财富。

目录

上篇 看懂经济指标，学会投资理财

下篇 保值增值，富有一生的理财规划

上篇

看懂经济指标，学会投资理财

投资市场是一个充满变数的市场，风险无处不在。如果你对市场没有宏观的分析，没有看懂影响投资收益的因素有哪些，没有认识到赚钱的风险在哪里，那么你所投资的钱极有可能变成泡沫浮云。

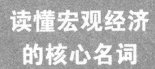

读懂宏观经济
的核心名词

本章我们先来认识一下"3G"——GDP、GNP、GNI，由此展开，我们再来认识CPI、PPI，从而进入看懂经济指标、学习投资理财的旅程。

GDP（国内生产总值）：衡量经济实力的标尺

如今，在大量经济信息中，我们会经常听到我国经济增长速度达到百分之多少，当年的 GDP 又突破了多少万亿元人民币。那么，什么是 GDP 呢？

GDP是Gross Domestic Product（国内生产总值）的简称。经济学上的定义为：指一个国家或地区的所有常住单位在一定时期内（一个季度或一年）所生产和提供的最终产品和劳务的价值总和。GDP反映的是一个国家或一个地区在一定时期内新创造物质财富的总额。

"一个国家或一个地区"的计量范围涵盖本国或本地辖区内国民经济的主体，包括所有企业或个人。也就是说，只要你在本辖区内投资设厂，所生产的产品和提供的服务就算是本地区的 GDP，而不管投资者是本地人还是外地人，也不管投资者是本国人还是外国人。

其次，GDP 统计必须是以一定时期内新创造的最终产品来计算，中间产品不能计入，否则会造成重复计算。

所谓最终产品，是指在一定时期内生产的可供人们直接消费或者使用的物品和服务。这部分产品已经到达生产的最后阶段，不能再作为原料或半成品投入其他产品和劳务的生产过程中去，如消费品、资本品等，一般在最终消费品市场上进行销售。中间产品是指为了再加工或者转卖用于供别种产品生产使用的物品和劳务，如原材料、燃料等。

美国经济学家保罗·萨缪尔森认为，GDP是20世纪最伟大的发明之一。他将GDP比作描述天气的卫星云图，能够提供经济状况的完整图像，能够帮助领导者判断经济是在萎缩还是在膨胀，是需要刺激还是需要控制，是处于严重衰退还是处于通胀威胁之中。如果没有像GDP这样的总量指标，政策制定者就会陷入杂乱无章的数字海洋而不知所措。这一点确实不假，如果没有GDP，我们就无法将国与国之间的经济实力进行比较，也不能得出发达国家为什么富、发展中国家为什么穷的结论。

近年来，随着经济总量的不断增加，至2011年我国GDP总量全面超过日本，成为世界第二大经济体。现在全世界都在关注中国经济，关注中国经济的增长，中国已经成为世界经济的一个引擎。但是我们中的大多数人会觉得我们比日本人更富有吗？当然不是，因为这其中还涉及人均GDP、绿色GDP及其他几个概念。

人均国内生产总值，即"人均GDP"，是将一个国家核算期内（通常是一年）实现的国内生产总值与这个国家的常住人口（或户籍人口）相比进行计算得到的数值。这是衡量各国人民生活水平的一个标准。绿色经济GDP，即"绿色GDP"，是指从GDP中扣除自然资源耗减价值与环境污染损失价值后剩余的国内生产总值，也称可持续发展国内生产总值。这是20世纪90年代形成的新的国民经济核算概念。由此，我们不难发现，GDP总量决定了一国的总体经济实力和市场规模大小。人均GDP反映一国国民的富裕程度，绿色GDP则表明了一国经济可持续发展能力的大小。

核算GDP有三种方法，即生产法、收入法和支出法。三种方法从不同的角度反映国民经济生产活动成果，理论上三种方法的核算结果相同。

生产法是从生产的角度衡量常住单位在核算期内新创造价值的一种方法，即从国民经济各个部门在核算期内生产的总产品价值中，扣除生产过程中投入的中间产品价值，得到增加值。

核算公式为：

$$增加值 = 总产出 - 中间投入$$

收入法是从生产过程创造收入的角度，根据生产要素在生产过程中应得的收入份额反映最终成果的一种核算方法。按照这种核算方法，增加值由固定资产折旧、劳动者报酬、生产税净额和营业盈余四部分相加得到。例如，当我们投资企业的时候，购买了100万元固定资产，年折旧率是10%，每年就有10万元的折旧费；第二块是劳动者报酬；第三块是政府的净税收，也就是全国人民缴的税中由政府支配的部分；第四块是企业盈余，也就是企业家盈利的部分。

支出法是从最终使用的角度衡量核算期内产品和服务的最终去向，包括最终消费支出、资本形成总额、货物与服务净出口三个部分。从支出的角度来看，总消费、总投资、净出口这三部分构成了GDP。

由此我们就得到一个清晰的计算公式：

$$GDP= 总消费 + 总投资 + 净出口$$

公式中这个"净"字，表示出口减去进口。宏观经济常常出现一个"净"字，例如，一国出口1200亿美元，进口1000亿美元，那么，出口多出的这200亿美元就记入该国的GDP。因此，不难理解我国政府为什么一直刺激出口，因为出口会增加我国的GDP。

GDP虽然说起来宏大而抽象，但它却有非常现实的应用价值。比如，我国加入世界贸易组织时，争议时间最长的内容之一，就是我国究竟是以发展中国家身份加入，还是以中等发达国家身份加入。应该依据什么来判断呢？就应该依据我国的人均GDP，因为2001年时我国人均

GDP不足1000美元，属于发展中国家定义范围之内。如果我国不是以发展中国家身份加入世界贸易组织，我国就没有相应的优惠条件，也没有5年时间的过渡期，并且还要承担与国家实力不相符合的国际义务。而争取到5年的过渡期，对处于转型中的我国来说是十分重要的。

2015年我国的人均GDP为8016美元，人均收入并不高，居民的幸福感主要是随着人均收入的增长而提高的。因此，转变我们的经济增长方式，把GDP的增长与老百姓的真实幸福感统一起来，可以增强经济竞争力，在增加产品与服务附加值时，我们国家的经济发展就快了，GDP增长就多了，人均收入就上来了，整个国家就富强了。

GNP（国民生产总值）：真正属于自己的价值

GNP 就是 Gross National Product（国民生产总值）的简称，是指一个国家或地区范围内的所有国民在一定时期内所生产的最终产品的价值。

举例说明：一个在日本工作的美国公民所创造的财富计入美国的 GNP，但不计入美国的 GDP，而是计入日本的 GDP。

这里的"国民"包括本国或本地区的公民，以及常住外国或其他地区但未加入外国籍的居民，其所获得的收入叫"从国外得到的要素收入"，应该计入本国国民生产总值，而外国公司在该国子公司的利润收入则不应该被计入。诸如目前很多中国人去美国定居、生活或投资创业，只要他们还是中国国籍，他们的收入就要算入我国的国民生产总值内。同理，很多外国公司在我国开设的分公司，其所创造的利润则不能计入我国的国民生产总值。

为了更深刻地理解 GDP 和 GNP 这两个概念，我们不妨举个例子进行说明：

某公司一年在本国的产值是 1000 亿美元，国外所有的分公司的净利润为 2000 亿美元，国内的外籍员工的工资是 1 亿美元。

那么，这个公司为国家创造的 GDP 就是 1000 亿美元。而 GNP 既包括国土内和国土外的所有收入，所以这个公司为国家的 GNP 做的贡献 =1000 亿美元（在国内的收入）-1 亿美元（外国员工拿走的工资）+ 2000 亿美元（来自国外的净利润）=2999 亿美元。也就是说该公司使

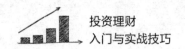

GNP 增加了 2999 亿美元。

从这个例子我们可以看出，虽然是同一个公司，但是它对国家 GNP 和 GDP 的贡献却相差很大。由此可见，GDP 和 GNP 是两个既有联系又有区别的指标，虽然它们都是核算社会生产成果和反映宏观经济的总量指标，但因为计算口径不相同，二者反映的是国家经济的不同方面。

我们可以把 GNP 用数学公式来表述：

$$GNP=GDP+国外净要素收入$$
$$国外净要素收入=从国外得到的要素收入-支付给国外的要素收入$$

掌握了上面这个公式，我们就可以轻松地算出一个国家在某一段时间内 GNP 的总值了。那么，了解一个国家的 GNP 有什么实际意义呢？

首先，GNP 能比较真实地反应一国国民的生活水平。GNP 是本国国民生产的总产值，当然比 GDP 要真实一些。国外在该国的产值再大，也不是该国的。国民生产总值越高，个人平均所得也越高。

其次，以 GNP 制定经济政策更加科学。以 GDP 或者 GNP 作为经济政策的主要追求目标，在一定的 GDP 水平下，会导致本国人民的富裕程度不同。如果一个国家或地区在经济政策上更为推崇 GDP，那么它在经济政策的取向必然就是单纯地追求 GDP 总量的增长，这样不论是本国企业，还是外资企业，只要能把 GDP 做大就行，而在 GDP 增长的同时，一定程度上也会增加政府的税收收入。注重 GDP 的国家和地区更倾心于招商引资，会把招商引资作为经济工作的重中之重；如果更为推崇 GNP，那就不仅仅是要求经济的增长，还要求必须是本国、本地区的企业促进了经济的增长。在 GNP 增长的过程中，政府不仅能增加税收收入，企业和民众也会得到实实在在的盈利。注重 GNP 的国家和地区则更重视本国企业的发展，会支持包括国有企业和民营企业在内的本国企业在创造经济价值中的活动。

这方面的典型案例是新苏南模式和温州模式的比较。2004年，随着苏州经济一路高歌，GDP总量首超深圳，新苏南模式达到了中国经济发展样板的制高点。但这些掩盖不了新苏南模式的缺陷：被喻为"只长骨头不长肉"，GDP上去了，政府的财政收入上去了，老百姓的口袋仍然鼓不起来，利润的大头被外企拿走，本地人拿的只是一点打工钱。2004年苏州的GDP是温州的两倍，但苏州老百姓的人均收入是温州的一半。

20世纪90年代以前，世界各国主要侧重采用GNP和人均GNP。但进入90年代后，96%的国家纷纷放弃GNP和人均GNP，而开始重点采用GDP和人均GDP来衡量经济增长快慢以及经济实力的强弱。

美国波音公司是个众所周知的大公司，它对GDP的贡献已经足够大了，而它对GNP的贡献更是大得惊人：因为它的2万多种零部件在美国以外的四十多个国家生产，而波音公司的总部只是一个装配企业。同样，美国沃尔玛的GDP也很起眼，它的GNP更是力压群雄：分布在世界各地的三千多家沃尔玛连锁店，创造了在世界500强中营业额排名第一的佳绩。

因此，在那些跨国公司数量居多的发达国家，在GDP增大的同时，它们的GNP发展速度也十分迅速，也由此产品的质量更好、企业的效益更高，整个社会经济由投资驱动型开始向技术创新驱动型转变，创造出实实在在的繁荣。在我国，也有一些先知先觉者开始把企业发展的重点转向追求GNP。海尔集团就是这样一个例子，它把分厂办到了"海尔"的故乡德国，把产销的触角伸向美国，甚至还建起了令中国人自豪的海尔路。

最后，在一定程度上，国际竞争就是GNP竞争，GNP更能反映出一个国家的综合经济实力。一个国家、一个地区的发展真正要靠本国企业

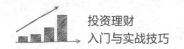

的支撑，最终还是要着重培养自己的民族品牌，打造强大的本土企业。许多发达国家的GNP都大于GDP，因为发达国家的企业到海外投资多，他们在国内和国外共同创造的总经济价值远远高于国内生产总值，而许多发展中国家的情形则截然相反，因为缺少大型的跨国企业，无法创造海外利益，这些国家的GNP常常小于GDP的增长。我们在经济增长中不仅是简单地做大，还要有实实在在的盈利，必须适时地给予GNP以高度重视。

为了适应社会主义市场经济发展，以及中国加入世贸组织和国际货币基金组织数据通用公布系统（GDDS）的要求，中国从 2003 年开始采用 1993SNA 的标准称谓，统计术语 GNP 改用 GNI，两数据的统计口径基本一致。

GNI（国民总收入）："3G"新宠

1993 年联合国将 GNP 改称为 GNI。

GNI 就是 Gross National Income（国民总收入）的简称，是一个国家所有常住单位在一定时期内（通常是 1 年）获得的劳动者报酬、生产税、补贴、固定资产折旧、营业盈余和财产收入等原始收入总额。

人均国民总收入是指国民总收入除以年均人口，与人均国民生产总值（GNP）相等，与人均国内生产总值（GDP）大致相当。

GNI 可以理解为 GNP 加上来自国外的要素收入减去对国外的要素支出。GNI 增长率超过 GNP 增长率，就意味着国民收入的增加和生活水平的提高超过了经济的名义增长。GNI 是个收入概念，GNP 是个生产概念。

根据世界银行的资料，2015 年中国人均 GNI 为 7880 美元。

世界银行是按人均国民总收入，对世界各国经济发展水平进行分组。通常把世界各国分成四组，即低收入国家、中等偏下收入国家、中等偏上收入国家和高收入国家。但以上标准不是固定不变的，而是随着经济的发展不断进行调整。

按世界银行公布的数据，2015 年的最新收入分组标准为：人均 GNI 低于 1025 美元的是低收入经济体，1026 ~ 4035 美元的是中低收入经济体，4036 ~ 12475 美元的是中高收入经济体，高于 12476 美元的是高收入经济体，人均 GNI 小于 1185 美元的经济体可以享受 IDA

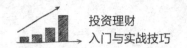
贷款（国际开发协会贷款）。

2013—2015年，我国国内生产总值年均增长率为7.3%，远高于世界同期2.4%（世界银行数据）的平均水平，明显高于美、欧、日等发达经济体和巴西、俄罗斯、南非等金砖国家。我国依然是世界经济增长的最重要引擎，2013—2015年对世界经济增长的贡献率平均约为26%。

自2009年我国超越日本成为世界第二大经济体以来，国内生产总值稳居世界第二位，占世界经济总量的比重逐年上升，人均国民总收入大幅增加，不断迈上新台阶。据世界银行按图表集法统计，2012年人均GNI为5870美元，2013年达到6710美元，2014年达到7400美元，2015年增加到约7880美元。根据世界银行公布的收入分组标准，2010年我国实现了由中等偏下收入水平到中等偏上水平的重大跨越，人均GNI相当于中等偏上收入国家的平均水平。

我国人均GNI与世界平均水平的差距也大幅缩小，相当于世界平均水平的比例由2012年的56.5%提升到2014年的68.6%，缩小了12.1个百分点。在世界银行公布的214个国家（地区）人均GNI排名中，我国由2012年的第112位上升到2014年的第100位，前进了12位。2012—2014年，我国人均GNI年均增速达到7.3%，远高于世界平均增长水平及高收入国家的增长水平。

按照2011年世界银行的标准，我国已成为中上等收入国家。我国有许多经济总量在全球数一数二：外汇储备全球第一，GDP全球第二，出口全球第一，汽车全球销售第一，石油消费全球第二……但是，我国人多地广，经济发展不能光看总量，关键要看人均拥有量。报告称即使以人均国民总收入来计算，中国也已经跻身中上等收入国家行业。

不过，国家经济实力不等同于国民消费实力，国家经济实力越发雄厚并不等于自己的腰包也同步鼓了起来。

另外，很多国家成为中上等收入国家后，都会面临经济增长放缓、人均收入难以提高的"中等收入陷阱"的考验，对此，建议可以通过提高产业竞争力以提高整体国民的收入水平。

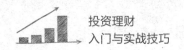

CPI（消费者物价指数）：通货膨胀的预警器

CPI 是 Consumer Price Index（消费者物价指数）的简称，是一个反映居民家庭一般所购买的消费商品和服务价格水平变动情况的宏观经济指标。它是度量一组代表性消费商品及服务项目的价格水平随时间而变动的相对数，是用来反映居民家庭购买消费商品及服务的价格水平的变动情况。

CPI 的计算公式如下：

CPI= 一组固定商品按当期价格计算的价值 / 一组固定商品按基期价格计算的价值 ×100%。

CPI 反映的是，对普通家庭的支出来说，购买具有代表性的一组商品，在今天要比过去某一时间多花费多少。例如，若 2005 年某普通家庭每个月购买一组商品的费用为 800 元，而 2015 年购买这一组商品的费用为 1000 元，那么 2015 年的消费价格指数为（以 2005 年为基期）CPI=1000/800×100%=125%，也就是说上涨了 25%。

CPI 上升，说明生活成本提高，消费者的金钱价值便随之下降。

居民消费价格统计调查的是社会产品和服务项目的最终价格，一方面同人民群众的生活密切相关，同时在整个国民经济价格体系中也具有重要的地位。它是进行经济分析和决策、价格总水平监测和调控及国民经济核算的重要指标。其变动率在一定程度上反映了通货膨胀或紧缩的程度。一般来讲，物价全面地、持续地上涨就被认为发生了通货膨胀。

例如，馒头从去年五毛钱一个上涨到现在一元钱一个，而其他所有商品的价格基本没有变甚至下降，这不叫通货膨胀，只能叫"馒头涨价"。只有在馒头涨价的同时，大米涨价、衣服涨价、房子涨价、水电费涨价……这才能叫通货膨胀。

现在，很多人都说："你可以跑不过刘翔，但一定要跑赢CPI！"CPI在很多人的眼中就是通货膨胀的代名词，但这个说法不够全面。当CPI数值为正值的时候，一定程度上意味着通货膨胀的存在，但当CPI为负值的时候，则意味着整体物价的回落。

2015年9月10日，国家统计局公布的8月份居民消费价格CPI同比上涨2.0%，创出2014年8月以来新高，但同时公布的工业生产者出厂价格PPI却同比下降5.9%，跌幅超出预期，创六年新低。CPI与PPI差值达到7.9个百分点，为1994年以来最大差值。

一个国家的CPI连续下跌，一般可以看成是经济持续放缓的一个标志。

中国现行CPI的前身是原来的"职工生活费用指数"。1990年，国家统计局建立了消费品及服务项目价格调查内容，开始编制全国生活费用价格总指数和零售价格总指数；1994年，国家统计局取消职工生活费用价格指数的编写，开始统一编制居民消费价格总指数和商品零售价格总指数。

从2000年开始，价格指数的公布改为以居民消费价格指数为主，也就是CPI，涉及的商品涵盖全国城乡居民生活消费的食品烟酒、衣着、居住、生活用品及服务、交通和通信、教育文化和娱乐、医疗保健、其他用品和服务等8大类。采用抽样调查方法抽选确定调查网点，按照"定人、定点、定时"的原则，直接派人到调查网点采集原始价格。

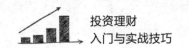

数据来源于全国31个省、500个市县、8.3万余家价格调查点，包括商场（店）、超市、农贸市场、服务网点和互联网电商等。

2016年3月份，全国居民消费价格总水平同比上涨2.3%。其中，城市上涨2.3%，农村上涨2.2%；食品价格上涨7.6%，非食品价格上涨1.0%；消费品价格上涨2.5%，服务价格上涨1.9%。1—3月，全国居民平均消费价格总水平比去年同期上涨2.1%。3月份，全国居民消费价格总水平环比下降0.4%。其中，城市下降0.4%，农村下降0.4%；食品价格下降1.8%，非食品价格下降0.1%；消费品价格下降0.6%，服务价格下降0.2%。

对老百姓而言，一方面CPI转正显然显示经济增长强劲，意味着就业机会多，可以有效减少人们就业难和失业的问题。但另一方面，CPI高起也会更多地增加生活上的压力，在收入得不到相应的增长、收入水平赶不上物价增速的情况下，人们的实际生活水平就会下降。

此外，CPI上升被普遍认为是通货膨胀的一个标志，紧跟在通胀预期后面的就是加息预期。反之，CPI持续走低往往被认为是通货紧缩的标志，此时多为减息预期。因此，在进行投资理财时，我们就不能不对CPI多做考虑。

除了CPI，美国经济学家戈登（Robert J.Gordon）在1975年提出了核心CPI，是指将受气候和季节因素影响较大的产品价格剔除之后的居民消费价格指数。其背景是美国在1974—1975年受到第一次石油危机的影响而出现了较大幅度的通货膨胀，而当时消费价格的上涨主要是受食品价格和能源价格上涨的影响。当时有不少经济学家认为美国发生的食品价格和能源价格上涨，主要是受供给因素的影响，受需求拉动的影响较小，因此提出了从CPI中扣除食品和能源价格的变化来衡量价格水平变化的方法。从1978年起，美国劳工统计局开始公布从消费价格指数和生产价格指数（PPI）中剔除食品和能源价格之后的上涨率。但是，在美国经济学界，关于是否应该从 CPI 中扣除食品和能源价格来判断价格水平，至今仍然存在很大争论，反对者大有人在。

至2013年，我国对核心CPI尚未明确界定。此外，CPI是一个滞后性的数据，但它往往是市场经济活动与政府货币政策的一个重要参考指标。CPI稳定、就业充分及GDP增长往往是最重要的社会经济目标。不过，从中国的现实情况来看，CPI的稳定及其重要性并不像发达国家所认为的那样，"有一定的权威性，市场的经济活动会根据CPI的变化来调整"。

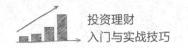

PPI（生产者物价指数）：正确判断物价的真正走势

PPI 是 Producer Price Index（生产价格指数）的简称，是衡量工业企业产品出厂价格变动趋势和变动程度的指数，是反映某一时期生产领域价格变动情况的重要经济指标，也是制定有关经济政策和国民经济核算的重要依据。PPI 是用来衡量生产者在生产过程中所需采购品的物价状况，因而这项指数包括了原料、半成品和最终产品的三个生产阶段的物价资讯。它是 CPI 之先声。

跟CPI一样，PPI也是预测通货膨胀的重要指标之一，只不过PPI更倾向于反映在生产者这个环节上，其反映主要集中在通货膨胀转移至消费者这一环节之前，在一定意义上其预测通货膨胀比CPI更具前瞻性。而CPI则更多地表现为商品的最终价格。整体价格水平的波动一般先出现在生产领域，然后通过产业链向下游产业扩散，最后波及流通领域的消费品。

PPI共调查八大类商品：①燃料、动力类；②有色金属类；③有色金属材料类；④化工原料类；⑤木材及纸浆类；⑥建材类：钢材、木材、水泥；⑦农副产品类；⑧纺织原料类。

"核心PPI"（Core PPI）指数，指将食物及能源去除后的生产价格指数，以正确判断物价的真正走势——这是由于食物及能源价格一向受到季节及供需的影响，波动剧烈。

从我国国情来看，在农产品向食品的传导上面，CPI受PPI左右的情况比较多。在工业品向生活用品的传导上面，CPI 很多时候的表现不一定和 PPI 一致。很多时候，PPI 上涨了，CPI 受到的影响不一定明显，甚至还会出现一定程度的回落，反之亦然。当然，如果 CPI 与 PPI 发生长时间背离的情况，也是不符合价格传导规律的。

理论上，生产过程中所面临的物价波动将反映至最终产品的价格上，因此，观察 PPI 的变动情形将有助于预测未来物价的变化状况，所以这项指标受到市场重视。

PPI 是测算价格变化的指标，该价格是制造商和批发商在生产的不同阶段为商品支付的价格。这里任何一点通货膨胀都可能最终被传递到零售业。毕竟，如果销售商不得不为商品支付更多，那么他们就会把更高的成本转嫁给消费者。

PPI 并不仅仅是一个指数，而是代表着在生产的三个渐进过程的每一个阶段的一组价格指数，包括原材料、半成品和产成品。其中占据重要位置并对金融市场最有影响的因素是产成品的 PPI，其代表着这些商品被运到批发商和零售商之前的最终状态。在生产最后状态的价格常常由原材料和半成品过程中遇到的价格压力来决定。这就是观察这三个过程都很重要的原因。

在宏观经济方面，如果 PPI 增速放缓，将会有效缓解 CPI 增速过快所产生的压力，从而有效降低通货膨胀的预期，但同时也带来了经济发展放缓的可能性。当然 PPI 持续过高，说明经济可能出现了过热现象。

从我国经济发展情况来看，2001—2004年PPI特别活跃，消费需求增长相对稳定，终端消费品价格的变动主要源于上游产品价格的波动。在2004年之后，由于居民对终端消费品的需求出现了显著变化，使下游商品价格带动上游产品价格发生明显变化，尤其是2006年下半年开始，随着居民对住房、汽车消费品需求的爆发性增长，同时某些食品（如大蒜、生姜）供给出现严重不足，使原有的供求平衡被打破，进而市场上

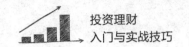

出现了"蒜你狠、姜你军"的奇特场景，最终使CPI快速上涨并拉动PPI迅速攀升。

2008年下半年，随着全球金融危机的蔓延和加深，各种商品价格回落，在多种因素的综合作用下，CPI回落，最终PPI也在随后几个月回落下来。

通常，当CPI和PPI长期保持上升状态，一般就意味着经济建设增速加快，通货膨胀开始上升。如果两者上升速度过快，则势必会导致过度的通货膨胀，进而破坏经济建设。反之，如果两者同时下跌，则意味着经济建设增速减慢。如果两者急速下跌，又会导致严重的通货膨胀，也会对经济建设造成破坏。

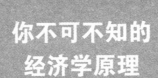

你不可不知的
经济学原理

经济学里的学问总给人一种高大上和可望而不可即
的感觉，但是经济学是非常贴近生活的。这些经济学原理都
是经过社会实践不断总结出来的规律，可以让我们更加
透彻地理解高深的经济学。

杠杆原理：一夜暴富，小资金博得大收益

杠杆原理，亦称"杠杆平衡条件"。在"重心"理论的基础上，阿基米德发现了杠杆原理，即"二重物平衡时，它们离支点的距离与重量成反比"。阿基米德对杠杆的研究不仅仅停留在理论方面，还据此原理进行了一系列的发明创造。据说，他曾经借助杠杆和滑轮组，使停放在沙滩上的桅船顺利下水；在保卫叙拉古的战斗中，阿基米德制造的投石器就是杠杆原理的直接应用，曾把罗马人阻于叙拉古城外达3年之久。

在投资中，杠杆原理也得到了充分的应用。比如，你计划投资1000元做服装生意，进货买入1000元的衣服可以卖出1600元，自己赚了600元，这就是用自己的钱赚的钱，就是那1000元本钱带来的利润。这是没有杠杆作用的。

假如你对服装生意很有信心，于是决定从银行贷款10万元，使用3个月，假定利息刚好是1000元。在此操作过程中，就等于你用1000元的本钱买了银行10万元3个月的使用权，用这些资金购买价值10万元的服装，售出后得16万元，得到利润6万元。这就是一个杠杆应用的简单例子，即用1000元撬动了10万元的资金，用10万元的资金赚取了6万元的利润。

从上面的例子中，我们不难发现其用了100倍的杠杆。这在金融投资中非常常见，如做外汇保证金交易，其杠杆多为10倍、50倍、100倍、200倍、400倍等几个级别。如果用400倍的杠杆，就意味着你把手上的

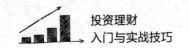
1 万当作 400 万用，这是相当厉害了。

还有房地产市场，除了全款购房外，贷款购房基本都使用了杠杆原理。比如，你购买一套价值100万元的房子，首付20%，即你用20万的资金撬动了价值100万元的房产，这里就是5倍的杠杆。如果未来房价增值10%，你的投资回报就是50%。面对如此巨额的回报率，是不是很心动？

金融杠杆简单地说就是一个乘号。使用这个工具，可以放大投资的结果，无论最终的结果是收益还是损失，都会以一个固定的比例增加。同样用那100万的房子做例子，如果房价跌了10%，那么5倍的杠杆损失就是50%，10倍的杠杆损失，就是你的本钱尽失，全军覆没。例如美国发生的次贷危机，其主要原因就是以前使用的杠杆的倍数太大。所以，在使用这个工具之前必须仔细分析投资项目中的收益预期和可能遭遇的风险。另外，还必须注意，使用金融杠杆这个工具的时候，现金流的支出可能会增大，这时资金链一旦断裂，即使最后的结果可能是巨大的收益，投资者也要提前出局。

当资本市场向好时，这种模式带来的高收益使人们忽视了高风险的存在，许多人恨不得把杠杆能用到 100 倍以上，这样才能回报快，一本万利；等到资本市场开始走下坡路时，杠杆效应的负面作用开始凸显，风险被迅速放大。对于杠杆使用过度的企业和机构来说，资产价格的上涨可以使它们轻松获得高额收益，而资产价格一旦下跌，亏损则会非常巨大，甚至导致严重的经济危机。

总之，我们在使用杠杆之前有一个更重要的核心要把握，那就是成功与失败的概率是多大。要是赚钱的概率比较大，就可以用很大的杠杆，因为这样赚钱快；如果失败的概率比较大，那就不能做，做了就是失败，而且会赔得很惨。

复利原理：世界第八大奇迹

有人曾经问爱因斯坦："世界上最伟大的力量是什么？"

爱因斯坦回答道："复利！"

爱因斯坦的答案不是原子弹的威力，也不是核武器的威力，而是复利，甚至还称复利是世界第八大奇迹。听起来，这简直就是天方夜谭，但这却是不争的事实。

复利，是指在每经过一个计息期后，都要将所生利息加入本金，以计算下期的利息，即以利生利，也就是俗称的"利滚利"。如果年限越长，收益率越高，那么复利的效果就越明显。

复利，不是投资产品，而是一种计息方式。复利的计算公式是：

$$复利 S = P(1 + i)^n$$

其中，P 指本金，i 指利率，n 指期限时间。比如，1 万元的本金，按年收益率 10% 计算，第一年末将得到 1.1 万元，把这 1.1 万元继续按 10% 的收益投放，第二年末是 1.1×1.1=1.21，如此第三年末是1.21×1.1=1.331……到第八年就是 2.14 万元。

据说在古印度，有一个名叫锡拉的人发明了国际象棋，并将他的得意之作敬献给了国王锡塔。不久，国王便为这种游戏的巧妙玩法和无穷变化所倾倒。高兴之余，他叫人把锡拉找来，对他说："你的发明太神奇了，会给许多人带来乐趣。你知道，我的王国是富有的，我想给你一笔巨大的奖赏。说说你想要什么吧。"锡拉恭谨地回答道："尊敬的国王陛下，你知道我是一个穷人，最大的愿望是填饱肚子，所以希望你奖给我一些小麦，使我不至于忍饥挨饿。你看到我设计的这个棋盘了吗？它一共有64个方格。请你在第1个方格中放上1粒小麦，第2个方格放上2粒，第3个方格放上4粒，第4个方格放上8粒，以此类推，以后每一个方格放置的小麦都是前一方格小麦数量的2倍，直到将棋盘上所有方格都放完应该放的小麦粒为止。"

国王在不察之下，认为这个要求一点也不过分，很痛快地答应了锡拉的要求。后来请数学家一算，国王傻眼了，即使拿出国库里的所有粮食也不够要求的百分之一。因为即使一粒麦子只有一克重，也需要数十万亿吨的麦子。

尽管从表面上看，锡拉的起点十分低，从一粒麦子开始，但是经过很多次的乘积，就迅速变成庞大的数字。这就是复利的力量。

长期投资的复利效应将实现资产的翻倍增值。一个不大的基数，以一个即使很微小的量增长，假以时日，都将膨胀为一个庞大的天文数字。

比如，有人在1914年以2700美元买了100股IBM公司的股票，并一直持有到1977年，则100股增为72798股，市值增到2000万美元以上，63年间投资增值了7407倍。按复利计算，IBM公司63年间的年均增长率仅为15.2%，这个看上去平淡无奇的增长率，由于保持了63年之久，在时间之神的帮助下，最终为超长线投资者带来了令人难以置信的财富。但是，在很多投资者眼里，15.2%的年收益率实在是微不足道。有人痴人说梦，"每年翻一倍很轻松""每月10%不是梦""每周5%太简单"……要知道"股神"巴菲特的平均年增长率也只不过是20%多一点，但是由于他连续保持了40多年，因而当之无愧地戴上了"世界股神"的桂冠。

在复利原理中，时间和回报率正是复利原理的"车之两轮、鸟之两翼"，这两个因素缺一不可。时间的长短将对最终的价值数量产生巨大的影响，开始投资的时间越早，复利的作用就越明显。并且，随着通货膨胀的逐渐加剧，无疑也会对收入造成直接的影响，而且在生活实践中，储蓄的收益完全抵抗不了通货膨胀的速度。而长期投资就可以利用复利对抗通货膨胀的影响。

影响财富积累的因素有三个：一是具备增值能力的资本，二是复利的作用时间，三是加速复利过程的显著增长。显然，尽早开始投资并享受复利，是让资金快速生长的好方式。

复利看起来很简单，但很多投资者没有了解其价值，或者即使了解但没有耐心和毅力长期坚持下去，这是大多数投资者难以获得巨大成功的主要原因之一。

按照复利原理计算的价值成长投资的回报非常可观，如果我们坚持按照成长投资模式去挑选、投资股票，那么，这种丰厚的投资回报并非遥不可及，我们的投资收益就会像滚雪球一样越滚越大。现在小投资，将来大收益，这就是复利的神奇魔力。

"滴水成河，聚沙成塔"，只要懂得运用复利，小钱袋照样能变成大金库。在我们的日常生活中，银行存款、银行理财产品、基金红利再投、P2P网贷、储蓄国债、货币基金等都是常见的复利计息的投资产品，我们可以认真做出选择，以实现自己收益的最大化。

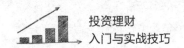

二八定律：独辟蹊径，赚少数人的钱

二八定律，也叫巴莱多定律，是19世纪末20世纪初意大利经济学家巴莱多提出的。他认为，在任何一组东西中，最重要的只占其中一小部分，约20%，其余80%的尽管是多数，却是次要的，因此又称二八法则。习惯上，二八定律讨论的是顶端的20%，而非底部的20%。

犹太人也认为，世界上许多事物都是按78：22的比例存在的。比如，空气中氮气占78%，氧气及其他气体占22%；人体中的水分占78%，其他为22%；等等。今天，人们惊奇地发现，"二八定律"几乎适用于生活的方方面面，比如，总是20%的客户带来了80%的业绩，从而创造了80%的利润；世界上80%的财富是被20%的人掌握着，世界上80%的人只分享了20%的财富；公司的事情有20%是关键问题、重点问题，这20%的事情可能决定了80%的结果。

日本的一位钻石商人就运用"二八定律"在商业上取得了意想不到的成功。他分析认为，钻石主要是高收入阶层的专用消费品，普通大众很难消费得起。而一般的商业理念则是：消费者少，利润肯定不高。但大多数人都忽略掉的一个问题是，一般大众和高收入人数的比例约为8：2，但他们拥有的财富比例却是2：8。这个日本商人正是看中了这点，他决定拓展自己的钻石生意。

他来到东京的S百货公司，要求获得一个展位推销他的钻石，但经理认为在普通的百货公司销售昂贵的钻石根本就不靠谱，断然拒绝了他的请求。

但商人没有退缩，他跟经理谈到了"二八定律"，谈到了自己计划的可行性。最终，经理被打动了，但他仍然只是准许商人在郊区的 M 店试着运营一段时间。M 店远离闹市，顾客极少，但这位商人对此并不过分担忧。他坚信，钻石毕竟是高级的奢侈品，是少数有钱人的消费品，生意的着眼点首先得抓住那些握有大多数财富的少数人才行。

事实证明了商人眼光的独到之处，开张没多久他就在 M 店取得日销售 6000 万日元的销售额，这大大突破了一般人认为的 500 万日元的销量。当时正值圣诞节，商人为了吸引顾客，和纽约的珠宝行联络，发过来各式大小钻石，深受顾客的欢迎。接着，商人又开设了十几家连锁店经营钻石生意，生意异常火爆。

商人的钻石生意成功了，奥秘究竟在哪里呢？就在于"二八定律"。因此，当你决定投资理财的时候，眼光一定要独到。"不要把你所有的鸡蛋都放在一个篮子里"，这个曾获诺贝尔奖的著名经济学家詹姆斯·托宾的理论，已经成了众多老百姓日常理财中的"圣经"。但二八定律却要求尽量把 80% 的"鸡蛋"放在 20% 牢靠的"篮子"里，然后仔细地盯紧它，这样才可能使有限的资金产生最大化的收益。之所以这样说，是因为在当前的经济条件下，许多理财产品都是同质的，这也就意味着如果选择了同质化的理财产品，那么你所面临的系统风险是一样的，这样不仅达不到分散资金的目的，反而可能会加大风险。譬如，你投资了某债券，又去买了某债券基金，此时一旦债券市场发生系统风险，你的这两个投资就都会发生损失。

当然，投资理财也必定会面临一定的风险，投资者要想获得比市场高 20% 的收益，就将付出比一般银行储蓄多 80% 的风险。比如银行一年期

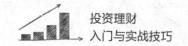

利率高于活期利率，就是对于流动性风险的补偿。了解了这个原理，在选择日常理财产品时，就应对高收益品种保持一份谨慎，特别是那些不符合目前规定的理财品种，其高收益的背后，是对于信用风险的补偿。收益越高，代表了其发生信用危机的可能性就越大，这种信用风险实际上就是转嫁了处罚它的违规成本。

此外，对于某些金融机构推出的保本理财产品也要引起足够的重视。目前这类保本理财产品在实际运营过程中基本上都需要封闭一段时间，在这段时间内就要面临利率风险、通货膨胀风险、流动风险等。对此，投资者要有明确的认知。

洼地效应：安全区域更容易吸引资金流入

洼地，顾名思义，就是中间低四周高的自然地形。如同水往低处流一样，资金也会向交易成本低的地方集中，这在经济学中被称作"洼地效应"。从经济学理论上讲，"洼地效应"就是利用比较优势，创造理想的经济和社会人文环境，使之对各类生产要素具有更强的吸引力，从而形成独特的竞争优势，吸引外来资源向本地区汇聚、流动，弥补本地资源结构上的缺陷，促进本地区经济和社会的快速发展。简单地说，指一个区域与其他区域相比，具有更强的吸引力，从而形成独特的竞争优势。资本的趋利性，决定了资金一定会流向更具竞争优势的领域和更具赚钱效应的"洼地"。

比如深圳，它拥有国家所给予的巨大的政策优势、沿海并与香港毗邻的地缘优势，吸引了来自全球各地的资金、技术和人才，以至在短短的二十年里就从一个偏僻落后的小渔村发展成了一个繁华兴盛的国际大都市。在这个过程中，深圳之所以能吸引各地的资金、技术，靠的就是政策优势和地缘优势所带来的"洼地效应"。

"洼地效应"无疑对深圳经济的发展起到了加速作用。如果没有这种效应，深圳就会和沿海许多小村镇一样，发展程度也会相差不大，而不会成为今天的国际性大都市。与此类似，各地星罗棋布的经济开发区也正是利用了"洼地效应"的加速作用，从而获得了远高于开发区之外的发展速度。

在当下中国，房地产业作为主要的投资手段，不仅是保值增值的载体，还是规避通货膨胀的主要手段。对房地产来说，"价格洼地"是促进房地产销售的主要因素之一。所以说，只要洼地存在，房地产就有上涨的空间。当然在房地产实际开发中，所谓的"洼地"也可能是市政中心、城市广场或历史建筑区等对区域价值有提升作用的区域。

从纯经济学上来讲，在市场经济条件下，资本也是由以前的资金、劳动力、技术和资源相结合而产生的，作为生产要素之一，它分得利润也是天经地义的。尤其是在技术、专利也能参股的今天，按劳分配和按资分配相结合也不再是一个陌生的话题。资本的拥有者正是看到了当地的比较优势，并从比较优势中看到了获取高额利润的可能，才会把资本投向这个地方而不是另外的地方。能获取相对于其他地方高得多的利润，这就是"洼地效应"形成的动力之源。

因此，对于投资者来说，如何能在市场上找到真正的"洼地"，以能获得投资的巨大收益呢？

（1）某些从事实体产业的公司，其经营方向和经营业绩在一段时间内长期稳定，在危机中不但没遭受重创，还能迅速翻身挺过来的公司股票，则属于"洼地"的投资目标。

（2）关注虽然不是时下热门的炒作概念，但关乎国计民生的股票，例如，属于人民大众最重要的吃饭问题的粮食和农业概念股，是可以而且必须持续发展的永恒产业。如果其业绩和发展预期良好，而且没有被爆炒过，则属于"洼地"，非常具有投资价值。

（3）关注那些属于国家规划扶持发展，真正生产与科研结合，有能力、有规模和实力的企业，因其符合全球人类的革新方向，在不远的将来会影响到后续人类的生产、生活方式，投资这类企业必然有良好的投资回报，当然可能得有一定耐心。

博傻理论：随大流是明智还是愚蠢

博傻理论，是指在资本市场中，如股票、期货市场中，人们之所以完全不管某个东西的真实价值而愿意花高价购买，是因为他们预期会有一个更大的笨蛋会花更高的价格从他们那儿把它买走。博傻理论告诉人们的一个重要道理是：在这个世界上，傻不可怕，可怕的是做最后一个傻瓜。

《卖拐》和《卖车》是赵本山在春节晚会上演过的两个经典小品。在小品中，赵本山对范伟饰演的厨师进行"忽悠战术"，到最后终于将拐与车都卖给了他。这两个小品在本质上都是博傻的游戏，"卖车卖拐"的赵本山收获颇丰。

在现今社会，博傻游戏很流行。博傻游戏的构成有时候很简单，甚至可以说骗局是粗糙的，而这种骗局真就如它的字面意思一样，与傻瓜斗智，也就是等待一个傻瓜上当受骗。

现在的人们已经慢慢了解了博傻游戏的方式，也懂得哪些是真哪些是假。然而博傻游戏看似简单，但是在很多时候，博傻游戏依旧可以让人防不胜防。特别是在这种简单粗略的骗局刚刚出现的时候，确实有很多人上当受骗。

在股票市场，博傻游戏也存在。很多人总是秉持着"有人比自己更笨"的策略进行一些非理性的投资，然后等待有人从自己手中高价买走那些根本不值钱的东西。股票市场中的博傻，就是高价买进股票，等

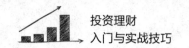

行情上涨到有利可图的时候再迅速卖出。这种操作策略在股市中被称作"傻瓜赢傻瓜"。

其实从理论上讲，博傻也有合理的一面，博傻策略是高价之上有高价，但低价之下还有低价。游戏就是个接力棒，只要不是最后一棒，都是有利可图的。做多了就有利润可以赚，做空的人减少损失，而不巧接到最后一棒的人就是倒霉的人了。

博傻是一次性博弈中惯用的招数。因为只是一次性的交易，因此人们就会更加无所顾忌地去进行这种博傻的博弈对抗。要知道，在博傻游戏中，如果找到了"冤大头"，所赢得的利润要比一般的一次性博弈所赢得的利润还要多。

博傻游戏对于投机者来说，所抱有的思想观点无非就是"世界上有比自己还要傻的人"。因此，博傻基本上已经成为投机者的最爱。对于投机者来说，博傻是一种更有价值的赢利策略。比如在期货或者股票市场上，人们之所以不管某个东西的真实价值，甚至愿意出高价钱去购买，是因为他们预计，会有一个更大的笨蛋愿意出更高的价钱从他们手里买走；比如不知道某只股票的真实价格，但是有人愿意花很多钱去买，就是因为他预期会出现花更高价钱来买的人。

博傻游戏中，只要你不是最大的笨蛋——最后的接棒人，就会成为一个赢家。当然，如果没有人愿意出更高的价钱来买你的东西，做一个比你还要傻的傻瓜，那么你就成了最大的傻瓜。

下篇

保值增值，富有一生的理财规划

在中国很多老百姓眼中，投资理财仅为简单的银行存储业务。其实，除了储蓄之外，还有诸如贵金属投资、有价证券和金融衍生品、银行理财产品、金融投资、实物投资等多种投资理财工具可供选择，使你的财富保值增值，靠钱生钱。

贵金属投资
保值增值稳定的理财产品

通货膨胀在不断地蚕食着我们的财富，钱在我们手中越来越贬值。如何实现财富的保值，已经成为我们非常关注的事情。在很多人眼中，贵金属投资已经成为非常妥当的保值方式。

黄金：跑赢通货膨胀的投资利器

> 黄金被称为"没有国界的货币"，是在任何环境下最重要最安全的资产。从古至今，黄金都被看作是永恒价值的代表。黄金在交易市场中最主要的功能就是保值。在当前股市持续走低，我国CPI持续处于高位，炒股或者把钱存进银行的前景都不甚明朗的情况下，选择将闲散资金用于黄金投资，或许是个不错的选择。

个人如何选择黄金投资品种

黄金投资，不论你是平民百姓还是富商巨贾皆可参与，已经成为世界性的金融投资方式。目前我国人均黄金持有量为3.5克，而世界人均黄金持有量是31克，在这方面中国黄金市场的前景还是很广阔的。

目前，黄金投资主要分为实物黄金、纸黄金、黄金T+D、国际现货黄金（伦敦金）、黄金期货、黄金期权等比较流行的黄金投资形式。从市场规模来看，商品实物黄金交易额不足总交易额的30%，90%以上的市场份额是黄金金融衍生品。

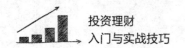
1. 实物黄金

实物黄金，是指通过买卖金条、金币和金饰等实质物品上的黄金。实物黄金以 1：1 的形式，即多少货币购买多少黄金保值，只可以在金价上升之时才可以获利。实物黄金适合收藏，需要坚持长期投资策略。

（1）金条、金砖。像金条、金砖这类的实物黄金，不仅黄金重量非常标准，发售渠道也很统一，回购的渠道也很方便，回购费率相对也较低。投资黄金不用交税，还可以在世界各地得到报价。虽然金条、金砖也会收取一定的制造加工费用，但这笔费用通常情况下是很少的，除了某些特殊题材的带有纪念性质的加工费用比较高，溢价幅度也会比较大。

金条、金砖比较适合有较多闲散资金且可以进行长期投资的人。投资者要注意区分两种实物金条，即投资型的实物金条和工艺品式的金条的区别。

实物金条，报价是以国际黄金现货价格为基准的，加的手续费、加工费很少。投资型金条在同一时间报出的买入价和卖出价越接近，投资者所投资的投资型金条的交易成本就越低。

工艺品式的金条，溢价很高，因为有比较昂贵的加工费在里面，从某种程度上看工艺品式的金条已经不仅仅是纯黄金，而是工艺品了。

真正投资黄金，只有投资型金条才是投资实物黄金的最好选择。

（2）金银纪念币。投资者在购买金银纪念币时要注意金银纪念币上是否铸有面额，通常情况下，有面额的纯金银纪念币要比没有面额的价值高。题材好的实物金银纪念币升值潜力更大。但金银纪念币在保管过程中难度比金条金块大，比如，不能使纯金币受到碰撞和变形，要尽量维持原来的包装，否则在出售时要被杀价等。金银纪念币在二级市场的溢价一般都很高，远超过金银材质本身的价值。另外，我国钱币市场行情的总体运行特征是"牛短熊长"，一旦在行情较为火爆的时候购入，投资者就有长期被套牢的风险。

金银纪念币比较适合对金银纪念币行情以及金银纪念币知识有较多了解的投资者，不适合做短线投资。

（3）黄金饰品。黄金饰品的收藏、使用功能要强于其投资功能。而且，由于黄金质地较软，一般黄金饰品都是以合金来制造，就是常见的18K、24K等。此外，黄金饰品都是经过加工的，商家一般在饰品的款式、工艺上已经花费了成本，这就增加了附加值，使其保值功能相对减少。除此之外，首饰在日常使用中总会受到不同程度的磨损，如果将旧的饰品出售，变现损耗也会较大。

从投资的角度看，投资黄金饰品是一项风险较高且收益较差的投资行为。黄金饰品的投资收益在短时间内难以实现，因此买卖黄金饰品从严格意义上来讲是一种长期投资行为，或者是一种保值措施。

2. 纸黄金

纸黄金是商业银行推出的一种买卖交易中双方不涉及黄金实物交割，并不能提供现货，只是在商业银行的会计账册上做债权债务记录的一种代理黄金买卖服务。

纸黄金与国际金价挂钩，采取 24 小时不间断交易模式，为上班族的理财提供了充沛的时间。纸黄金采用 T+0 的交割方式，当时购买，当时到账，便于做日内交易，比国内股票市场多了更多的短线操作机会。

3. 黄金 T+D

T+D 的"T"是 Trade（交易）的首字母，"D"是 Delay（延期）的首字母。

黄金 T+D，是指由上海黄金交易所统一制定的、规定在将来某一特定的时间和地点交割一定数量标的物的标准化合约。黄金 T+D 的特点是以保证金方式进行买卖，保证金一般为合约值的 6% ~ 9%。交易者可以选择当日交割，也可以无限期地延期交割。上海黄金交易所是以当日的价格来交易的，尽管没有实物交割，但也属于现货交易。

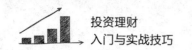
黄金 T+D 交易的市场区域仅限国内，成交量及活跃度远不及国际市场。另外，黄金 T+D 手续费高于期货，低于实物黄金，与股票相当，风险介于期货、股票中间。

4. 国际现货黄金（伦敦金）

以伦敦黄金交易市场和苏黎世黄金市场为代表。现货黄金是一种国际性的投资产品，由各黄金公司建立交易平台，以杠杆比例的形式向坐市商进行网上买卖交易。现货黄金也被称为第一大股票，因为现货黄金每天的交易量巨大，日交易量约为20万亿美元。现货黄金市场没有庄家，市场规范，自律性强，法律健全。没有任何一家财团和机构能够人为地操纵如此巨大的市场，完全靠市场自发调节，这就为黄金投资者提供了较大的安全保障。

国际现货黄金资金利用率高，一手只需保证金1000美元；金价波动大，获利概率大；24小时交易时段，尤其适合上班一族；T+0交易规则，提供多次投资机会；可做多做空，双向赢利；风险可控性强，有限价、止损保障；保值性强，升值潜力大；交易方便，可网上交易，也可以电话委托，交易软件简单易学；无庄家控盘。

5. 黄金期货

是指以国际黄金市场未来某时点的黄金价格为交易标的的期货合约，投资人买卖黄金期货的盈亏，是由进场到出场两个时间的金价价差来衡量，契约到期后则是实物交割，是一个非常标准的合约。

2008年，上海交易所规定，黄金期货合约交易单位为每手1000克。黄金期货实行的是T+0交易，也就是当天买进当天就可以卖出。黄金期货具有杠杆作用，能做多做空双向交易，金价下跌也能赚钱，满足市场参与主体对黄金保值、套利及投机等方面的需求。当然，黄金期货风险较大，普通投资者参与要谨慎。

黄金期货推出后，投资者一般要向黄金期货交易所的会员经纪商开立账户，签署《风险揭示声明书》《交易账户协议书》等，授权经纪人代为买卖合约并缴付保证金。经纪人获授权后就可以根据合约条款按照客户指令进行期货买卖。

6. 黄金期权

期权是买卖双方在未来约定的价位具有购买一定数量标的的权利，而非义务，如果价格走势对期权买卖者有利，则会行使其权利而获利；反之，如果价格走势对期权买卖者不利，则可以选择放弃购买，损失的只是购买期权时的费用。期权的费用受市场供求关系的变动而变动。在国内，中行首家推出了黄金期权交易，并未形成具有一定规模的市场。目前，世界上黄金期权市场并不多。

7. 黄金股票

又称为金矿公司股票，是黄金公司向社会公开发行的上市或不上市的股票。买卖黄金公司股票不仅是投资金矿公司，还是间接投资黄金，因此投资黄金股票要比单纯投资黄金或股票复杂，投资者不仅要关注金矿公司的经营状况，还要对黄金市场价格走势进行分析。

巧妙应对黄金投资风险

黄金一直有稳定的市场。纵观金融海啸之后，出于对信用货币体系不确定性的忧虑，资金在全线撤离商品市场的同时并未抛弃黄金，黄金仍然在投资组合中占据重要位置。按照目前的预测，即使是10年后纸币极度贬值时，黄金仍然拥有与现时同样的购买力。

当然，黄金投资有自己的特点。与其他理财产品相比，虽然黄金具有较高的稳定性和增值能力，是防范通货膨胀和利率风险的理想理财产品，但是作为一种理财产品，它也有其投机性，具有所有理财产品所不可避免的风险。而且就长期来看，人们对黄金的需求并非刚性，其价格走势必然会随着市场行情而上下波动。

黄金投资跟股市投资一样，没有绝对的技巧和窍门，但有几点是在黄金投资中应该注意的：

1. 树立良好的投资心态

黄金投资跟股市投资一样，心态是非常重要的因素。波动是长期存在的，有上涨就肯定有下跌，价格上涨的时候不能总想着赚更多，也不要在出现一点亏损的时候就立即抛售，让自己总是处于焦躁不安的状态。

2. 要懂得黄金交易的规则和方法

在决定投资黄金之前，投资者要对委托代理黄金买卖的银行的实力、信誉、服务以及交易方式和佣金的高低有详细的了解。在具体的交易中，既可以进行实物交割的实金买卖，也可以进行非实物交割的黄金凭证式买卖，但需要注意，实物黄金的买卖成本要略高于黄金凭证式买卖。另外，黄金交易的时间、电话委托买卖、网上委托买卖等都会有相关的细则，投资者都应该在买卖前搞清楚，以免造成不必要的损失。

3. 关心时政

国际金价与国际时政密切相关，如反恐战争、国际原油价格的涨跌、各国中央银行黄金储备政策的变动等。这是一个有无数巨人相互对抗、碰撞和博弈的市场，投资者要考虑的因素远远超过股市。因此，投资者一定要多了解影响金价的政治因素、经济因素、市场因素等，进而相对准确地分析金价走势，把握大势才能把握赢利时机。

4. 懂得总结黄金市场价格变动的规律

以史为鉴，一定程度上有利于更好地判断市场的走势。一般黄金市场在经过一轮大涨大跌之后，均线系统大距离分离，往往需要走一段时间与空间震荡整理的行情。在次高点和次低点出现后，整理状态已成型，即可依据该形态进行区间操作，而选择方向后可跟进追随趋势，收敛整理形态运行到末端，配合均线系统的集中，趋势方向的选择必然呼之欲出。

5. 多元化投资

对于实物黄金投资，投资者应考虑到回购的问题，首先就是变现问题，一定要问清卖家能不能实现回购。如果不能回购，则该品种可能并不适合投资，只适合收藏。

此外，市面上金条、金币等投资品种，发行主体众多，产品的保值、增值能力也千差万别。一般情况下，中国人民银行发行、中国金币总公司经销的金币保值、增值能力最强，银行发行的投资型金条产品次之。

现货黄金占用资金量少，获利周期短，而且没有变现难的问题。现货黄金避险和获利能力出众，可以 24 小时随时买卖，投资客户不用跑到金店、银行，更不用担心真伪、保管的问题，具有不可多得的优势，对具有一定经验的投资者而言，是实现多元化黄金投资的首选。

6. 采用套期保值进行对冲

套期保值是指购买两种收益率波动的相关系数为负的资产的投资行为。例如，投资者买入（或卖出）与现货市场交易方向相反、数量相等的同种商品的期货合约，进而无论现货供应市场价格如何波动，最终都能取得在一个市场上亏损的同时在另一个市场赢利的目的。而且，套期保值可以规避包括系统风险在内的全部风险。

7. 建立风险控制制度和流程

投资者自身因素产生的，如经营风险、内部控制风险、财务风险等往往是由于人员和制度管理不完善引起的，建立系统的风险控制制度和完善管理流程，对于防范人为的道德风险和操作风险有着重要的意义。

8. 选购黄金藏品

黄金藏品不仅具有黄金的本身价值，而且具有文化价值、纪念价值和收藏价值，对新手而言，投资黄金藏品比较稳当。

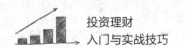
白银：解开白银投资的火热之谜

> 自古以来，白银就被人们拿来和黄金凑在一起，所以，一般人如果熟知黄金，自然也熟知白银。白银在历史上曾经与黄金一样作为许多国家的法定货币，具有金融储备职能，也曾作为国际重要的支付手段。

个人如何选择白银投资品种

随着白银市场的发展和不断完善，我国的白银投资品种也日益丰富，而每个投资品种都有自身的优点和缺点，因此白银投资者有必要结合自身的情况，选择适合自己的投资品种，这样才能在白银市场中获取理想的收益。下面详细介绍各个品种的优劣特征，以便投资者从中参考，选择最适合自己的投资品种。

1. 实物白银投资

实物白银投资，就是通过购买和持有实物白银进行投资的方式。

（1）银条、银锭都铸有编号、公司名称标记、纯度标记等。国内很多商业银行都有代理和自己开发销售的银条。国际上很多知名白银生产商出售的银条都密封在小袋子中，并加上可靠的封条证明，这样在不开封的情况下，在售出银条时会方便得多。

投资银条不需要佣金和相关手续费用，流通性强，容易兑现，且在世界各地都有报价。长期来看，银条具有一定的抗通胀作用。投资银条的不足之处是保管成本相对较高。

（2）银币。主要有纯银币和纪念性银币两种表现形式。纯银币主要为了满足集币爱好者收藏。由于纯银币的含量基本和白银含量一致，其价格也随着国际银价波动。纯银币的增值功能不大，因为它与白银价格基本保持一致，其出售时溢价幅度不高，但它具有很好的鉴赏、流通变现和保值功能，对收藏爱好者和投资者都有很大的吸引力。

纪念性银币具有很强的溢价幅度，具有更大的增值潜力，其收藏和投资价值要远大于纯银币。纪念币一般都是流通性币，都标有面值，比纯银币流通性更强。

（3）银饰品。主要具有美观和装饰用途。因白银饰品加工工艺复杂，导致其价格需加上一笔不菲的加工费，最终的售价还包括制造商、批发商和零售商所获取的利润以及各种税收，因此白银饰品的投资意义比较低。

2. 纸白银投资

又称账户白银，是一种个人凭证式的白银投资渠道，是国内继纸黄金后又一个新的贵金属投资品种，投资者按银行报价在账面买卖"虚拟"的白银，个人通过把握国际现货白银走势高抛低吸，赚取白银价格的波动差价。投资者的买卖交易记录只在个人预先开立的"白银账户"上体现，不发生实物白银的提取和交割。

国内各大银行均有纸白银投资业务，投资者可以到银行柜台办理，或者用已有的银行卡开通网上银行后，在网上银行界面的贵金属里开通即可。通常来说，各大银行的纸白银业务都差不多，差别主要在于点差

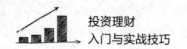

的不同。

国内的纸白银交易业务开展比较早的银行是中国工商银行。工商银行的纸白银交易业务，可以分为两种：美元白银和人民币白银。其交易报价与国际市场价格实时联动，高度透明，交易后也无须进行实物交割，省去了储藏、运输、鉴别等环节，非常方便个人客户进行投资。

3. 白银现货延期交易

是指以保证金的方式进行的一种白银现货延期交收业务。投资者可以选择在合约交易日当天进行交割，也可以延期至下一个交易日进行交割，同时引入延期补偿费机制来平抑供求矛盾的一种现货交易模式。

（1）上海黄金交易所的白银 T+D。白银 T+D 和股票市场一样，有价格波动限制，这在一定程度上能降低投资者的投资风险，其具体的范围会随时进行调整，投资者应该注意。

交易手续费都是双边收取的，即买卖都需要交纳手续费。各个银行对外的直接费率差不多（其中万分之三是给上海黄金交易所的，银行代收），具体的手续费情况各合作银行有所差别。

（2）天津贵金属交易所的天通银。天通银是天津贵金属交易所推出的白银现货交易。它也实行保证金交易制度，24 小时双向 T+0 交易，无涨跌停板限制。天通银比白银 T+D 更接近国际市场，报价主要是国际银价向人民币计价的折算价。

4. 白银期货

是指以未来某一时点的白银价格为标的物的期货合约。白银期货合约是一种标准化的期货合约，由相应期货交易所制定，明确规定着详细的白银规格、白银的质量、交割日期等。国内白银期货已于 2012 年 5 月 10 日在上海期货交易所上市。在国际市场上，比较著名的白银期货交易所有伦敦金属交易所和纽约金属交易所。

白银期货的购买和出售者都在合约到期日前出售或购回与之前合约

相同数量的合约，也就是平仓，而无须真正交割实物白银。每笔交易所得利润和亏损，等于两笔相反方向合约买卖的差额。白银期货合约交易只需交易额的一定比例作为保证金，具有一定的放大效应，同样是小资金撬动大金额的杠杆交易。

2012 年 5 月 10 日，白银期货正式于上海期货交易所挂牌交易，这也是我国上市的第二个贵金属期货品种。

5. 白银股票

主要是指已有白银业务的上市公司的股票。因为白银的供给主要不是银矿本身，白银的大部分供给来源于金、铜、铅、锌的伴生矿或共生矿，所以不少有色金属板块的股票都属于白银股票。投资白银股票不仅是投资白银，还投资有经营白银业务的公司。投资者不仅要关注公司的经营状况，还要对白银价格走势进行一定分析。

与白银有关的股票中最主要的是豫光金铅，该公司是我国最大的白银生产基地，是世界最大的铅冶炼企业，主营业务为有色金属、贵金属冶炼等，核心企业为河南豫光金铅股份有限公司和河南豫光锌业有限公司，河南豫光金铅股份有限公司于 2002 年 7 月在上海证券交易所上市。此外，江西铜业、驰宏锌锗和西部矿业等上市公司也有白银业务。

6. 白银管理账户

是指经纪人全权处理投资者的白银投资账户，包括所有的白银投资品种。这也属于风险很大的投资方式，盈亏情况完全取决于经纪人的专业知识、分析能力和操作水平。此外，业内信誉、职业道德等也很重要。

一般情况下，提供这种投资业务的机构都具备丰富的专业知识，所收取的费用没有固定的标准，一般与盈利情况挂钩。这种机构往往对客户的要求很高，主要是投资额的需求很大。

投资白银管理账户可利用经纪人的专业知识和投资经验，节省自身的大量时间。但是考察经纪人有一定的难度，一旦确定经纪人管理白银

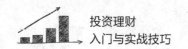
账户，在约定的范围内，对经纪人的决策将无法控制。在实际投资运作中，出现风险和损失完全由委托人负责，与经纪人无关。

白银管理账户的风险，比任何一种白银投资方式都要大，因为根本不知道代替你进行操盘的经纪人或公司是否可靠。白银管理账户适合极少数有相关人脉资源的大资金投资者。

非常实用的白银投资战法

对于白银投资，只知道基本的知识还不行，想要获得不错的收益，还要掌握能够赢利的投资策略，制订好自己的交易计划：在什么时候入场，在什么时候出场，怎么建立自己的投资组合，怎样规避风险，怎样管理自己的资金，等等，这些问题将直接影响投资收益。

1. 了解白银市场的特性

白银在投资市场中是一个比较特殊的品种，白银同时具有硬货币属性和商品属性两种特性，所以不管是黄金还是原油都是白银的关联市场，它们的走势都会对白银造成影响。

黄金与白银价格走势的趋同性特征往往给白银价格走势提供了方向性指引。在过去20多年的绝大多数时间内，白银价格走势高度追随黄金，从2003年开始白银与黄金价格均进入了一轮超级大牛市行情。尽管白银价格在趋势上追随黄金，但其波幅却不同于黄金。

原油作为大宗商品中的代表者，一直以来在商品期货中占据重要的位置，对白银价格的影响也越来越大，而且越来越直接。所以我们很多时候会发现黄金价格滞涨，而白银价格被原油价格带动上涨的情况。而在白银市场投资情绪高涨的时候，银价对黄金或原油价格的上涨行情更加敏感。

2. 良好的心态

入场资金的控制，一般应该是家庭资产的 20%，最多 30%，不要用生活必需资金进行投资。不要轻易满仓，投资者只能做自己能亏得起的交易，其亏损应在自己的承受能力之内。

有些白银投资者因受某些环境因素和小道消息的影响，对白银市场或白银前途失去信心，感到恐慌，于是就拼命抛售手中的白银。但是在大多数情况下，不少抛售风往往是由一些大户或其他人故意掀起的，他们放出不利消息，引起抛售，目的是压低白银价格后再趁机买进，或套现以转移资金。面对这样的情况，一般的投资者若产生不必要的恐慌，大量抛出手中持有的某种货币，肯定会受到损失。

作为投资者，要在不利消息面前保持镇定，仔细分析消息的可靠性，并做出正确决定。

3. 抓住银价波动的特性

在对白银市场走势进行分析时，投资者必须了解白银市场的一些周期性大势情况。

（1）中长期投资者可以关注白银市场的季节性规律。白银作为一种商品，每年都有自身固有的实物消费旺季与淡季。消费旺季大致分布在每年年末与年初，也就是中国春节前后，而消费淡季则大致分布在第二和第三季度。

对于中长线投资者来说，只要每年避开回调的四五个月时间，其余时间可以简单地保持多头思路。一年能连续持仓七八个月，就是非常不错的事情了。

（2）短期投资者可以关注白银市场波动的日内周期性规律。由于较大的对冲基金和机构财团都位于欧美地区，而且大部分的资金流动都发生在欧美地区，这使白银价格的日内波动相应地表现出日内的不均匀分布，但这种分布长期以来也形成了一定的规律。

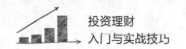

　　行情调整时段：6：00—14：00。此时段主要是亚洲和澳洲市场的活动时间。由于整体经济实力相对较弱，所以对整个市场的推动力量比较小。近年来，随着中国投资需求的加大，白银购入量也节节提升。在此时段，除非是遇到强大资本运作压力或者重大基本面消息出现，否则基本上都是以上涨为主，可以大胆建立多头。不过，对这个时段的获利空间也不要抱太大期望，要适可而止。

　　行情酝酿时段：14：00—17：00。欧洲开盘前夕，交易和资金量都会逐渐增加。此时段，市场和技术形态都开始酝酿，是每天最好的第二次进场机会，波动不会太大，但盈利率会明显大于上一时段。

　　行情波动时段：17：00—20：00。欧洲市场开始交易，资金量和关注程度增加。此时段才是每天行情的正式开始。上段时间建仓的投资者在此时段就进入获利阶段。此时段出现单边走势的概率还是比较大的，但仅限于此时段内，时段结束后经常会发生转折。

　　第二次波动后的调整：20：00—22：00。欧洲的中午休息和美洲市场的清晨时段，交易平淡，往往是回调上一波行情，是第三次伺机进场的机会。

　　行情主要波动时段：22：00—1：00。美洲市场和欧洲市场同时交易的时段，是日内交易量最大的时段，也是日内波动最剧烈的时段，是当天的主要行情时段。一般投资者容易产生追涨杀跌或盲目抄底、抄顶的倾向，从而容易形成亏损。所以把本时间段定义为收获时段，而非建仓时段。

　　行情调整或消息时段：1：00—6：00。美国的下午盘时段，波动幅度逐渐减小。美国经济在世界经济中占据着重要的地位，是带动世界经济发展的火车头，所以当美联储议息会议、美国经济等数据公布时，有时会造成瞬间的大幅度波动情形。此时段因国人已经休息，建议短线投资者要尽量减少隔夜交易的次数，以降低风险。

4. 抓住易被炒作的概念获利

有些消息会直接或间接地影响白银价格的走势，这种消息具有一定的炒作效应。

（1）欧债危机长期影响白银市场。2010年2月4日晚上，欧洲债务危机突然爆发的消息传出，当日白银价格从16.4美元/盎司暴跌至15.2美元/盎司，跌幅达到6.9%。随后，欧洲债务危机贯穿2010年一整年。投机主力通过炒作新闻题材，从而获得了更好的契机。

（2）战争动乱短期影响白银市场。2011年以来，中东和北非部分国家发生内乱，导致国际原油价格暴涨，从而推升了黄金白银的价格。战争动乱可以在短期内引发白银的价格上涨行情，对于想要出货的投资主力来说，是最为常见的题材之一。

（3）加息政策对白银市场中期影响明显。加息可以减少货币供应、压抑消费、压抑通货膨胀，加息行为就是承认对通胀情况的担忧。通胀恶化对白银形成利好，推动银价上涨。当然，不同时段、不同国家加减息代表的意义不同，对银价的影响也不尽相同。

白银投资的风险管理

投资者在参与白银投资的过程中，要正确地认识其中的风险，并降低风险。在投资过程中，如果没有规避风险的能力，就不要指望能够长久赢利。因此，投资者在投资白银过程中想要降低风险就需要注意以下几点：

1. 淡化投机行为

白银投机者多是利用预期价格的不确定性进行投机性赌博，这种行为风险性最大。

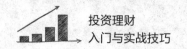
2. 制订投资计划

投资者在决定投资白银市场前，要对自身交易的方向、预期赢利水平、可接受的最大损失、投资策略、选择进行交易的合约月份、资金总量及投入比例等有具体的计划。只有这样，才可以在交易过程中管理好自己的资金，控制自身的风险水平，并追求最大的收益。

3. 多元化投资

多元化投资就是把投资分散进行，达到增加成功系数和降低投资风险的目的。比如，投资实物白银、白银首饰或白银衍生品等。

4. 谨慎对待短线投机

短线投机可以带给人暂时的成就感，短期内的暴利很容易让一个人疯狂。一个成功的短线投机者并不会获得太高的回报，短线投机者花费了大量的交易成本，长期下来，他们的表现非常一般。

5. 恰当地使用交易杠杆

投资者面对的不是确定性事件，其中夹杂着运气的成分。有时候我们的胜率高些，潜在回报率就高些；有时候我们的胜率低些，潜在回报率也就低些。这意味着明智的投资策略应该充分考虑这些概率上的差异。投资者应该恰当地使用交易杠杆从而确保自己收益的最大化。

6. 适时采取止损措施

任何投资都是一场概率的游戏，无论多么高明的玩家都会有出错的可能性，所以在进场的时候设置止损是有必要的。

有价证券和金融衍生品
最常见的金融投资工具

有价证券主要包括债券、股票和期货等投资理财手段。其中，股票和期货是目前最常见的两种方式。

债券：投资理财的"安全气垫"

> 由于债券在发行时就约定了到期后可以支付本金和利息，故其收益稳定、安全性高。特别是对于国债来说，其本金及利息的给付是由政府做担保的，几乎没有什么风险，是一种比较安全的投资方式。

债券是什么

债券是一种有价证券。由于债券的利息通常是事先确定的，所以债券是固定利息证券（定息证券）的一种。债券作为一种债权债务凭证，是一种虚拟资本，而非真实资本，它是经济运行中实际运用的真实资本的证书。债券的本质是债的证明书，具有法律效力。在金融市场发达的国家和地区，债券可以上市流通。在中国，比较典型的政府债券是国库券。

目前我国债券的利率都要高于银行存款的利率。投资债券一方面可以获得稳定的、高于银行存款的利息收入，另一方面还可以利用债券价格的变动买卖债券，赚取差价。

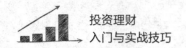
下面就来介绍下债券的种类。

1. 按债券发行主体不同，可分为政府债券、金融债券和公司（企业）债券等

（1）政府债券，是政府为筹集资金而发行的债券。主要包括国债、地方政府债券等。其中最主要的是国债，因其信誉好、利率优、风险小而被称为"金边债券"。

（2）金融债券，是由银行和非银行金融机构发行的债券。金融债券现在大多是由政策性银行发行与承销，如国家开发银行、进出口银行等。金融机构一般有雄厚的资金实力，信用度较高，因此金融债券往往有良好的信誉。

（3）公司（企业）债券。在国外，没有企业债和公司债的划分，统称为公司债。在我国，企业债券发债主体为中央政府部门所属机构、国有独资企业或国有控股企业，因此，它在很大程度上体现了政府信用。公司债券在证券登记结算公司统一登记托管，可申请在证券交易所上市交易，其信用风险一般高于企业债券。企业债券和公司债券是我国商业银行重要的投资对象。

2. 按是否有财产担保，可以分为抵押债券和信用债券

（1）抵押债券，是以企业财产作为担保的债券，按抵押品的不同又可以分为一般抵押债券、不动产抵押债券、动产抵押债券和证券信用抵押债券。以不动产，如房屋等作为担保品，称为不动产抵押债券；以动产，如适销商品等作为担保品的，称为动产抵押债券；以有价证券，如股票及其他债券作为担保品的，称为证券信托债券。一旦债券发行人违约，信托人就可将担保品变卖处置，以保证债权人的优先求偿权。抵押品的价值一般超过它所提供担保债券价值的25%～35%。

（2）信用债券，是不以任何公司财产做担保，完全凭信用发行的债券。政府债券属于此类债券。这种债券由于其发行人的绝对信用而具

有可靠性。除此之外，一些公司也可发行信用公司债券。与抵押债券相比，信用债券的持有人承担的风险较大，因而往往要求较高的利率。因为信用债券没有财产担保，所以在债券契约中都要加入保护性条款，如不能将资产抵押给其他债权人、不能兼并其他企业、未经债权人同意不能出售资产、不能发行其他长期债券等。

3. 按债券形态分类，可以分为实物债券（无记名债券）、凭证式债券及记账式债券

（1）实物债券（无记名债券），是一般意义上的债券，是一种具有标准格式实物券面的债券。在其券面上，一般印制了债券面额、债券利率、债券期限、债券发行人全称、还本付息方式等各种债券票面要素。其不记名、不挂失，可上市流通。

（2）凭证式债券，其形式是债权人认购债券的一种收款凭证，而不是债券发行人制定的标准格式的债券。

（3）记账式债券，是指没有实物形态的票券，又称无纸化国债，以电脑记账方式记录债券，通过证券交易所的交易系统发行和交易。如果投资者进行记账式债券的买卖，就必须在证券交易所设立账户。

4. 按是否能转换，分为可转换债券和不可转换债券

（1）可转换债券，是指在特定时期内可以按某一固定的比例转换成普通股的债券，它具有债务与权益的双重属性，属于混合性筹资方式。由于可转换债券赋予债券持有人将来成为公司股东的权利，因此其利率通常低于不可转换债券。可转换债券有两个特点：一是可以期待的价值有所增加；二是作为债券，其价格有下限支撑，不会像股票那样大幅下跌。

（2）不可转换债券，是指不能转换为普通股的债券，又称为普通债券。由于其没有赋予债券持有人将来成为公司股东的权利，所以其利率一般高于可转换债券。

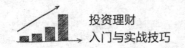

5. 按利率是否固定，分为固定利率债券和浮动利率债券

（1）固定利率债券，是将利率印在票面上并按其向债券持有人支付利息的债券。该利率不随市场利率的变化而调整，因而固定利率债券可以较好地抵制通货紧缩风险。

（2）浮动利率债券，其利率同当前市场利率挂钩，而当前市场利率又考虑到了通货膨胀率的影响，所以浮动利率债券可以较好地抵制通货膨胀风险。浮动利率债券往往是中长期债券。

6. 按是否能够提前偿还，分为可赎回债券和不可赎回债券

（1）可赎回债券，是指在债券到期前，发行人可以以事先约定的赎回价格收回的债券。公司发行可赎回债券主要是考虑到公司未来的投资机会和回避利率风险等问题，以增加公司资本结构调整的灵活性。发行可赎回债券最关键的问题是赎回期限和赎回价格的制定。

（2）不可赎回债券，是指不能在债券到期前收回的债券。

7. 按偿还方式不同，分为一次到期债券和分期到期债券

（1）一次到期债券，是发行公司于债券到期日一次性偿还全部债券本金的债券。

（2）分期到期债券，是指在债券发行的当时就规定有不同到期日的债券，即分批偿还本金的债券，可以减轻发行公司集中还本的财务负担。

8. 按计息方式，分为单利债券、复利债券及累进利率债券

（1）单利债券，是指在计息时，不论期限长短，仅按本金计息，所生利息不再加入本金计算下期利息的债券。

（2）复利债券，是指在计算利息时，按一定期限将所生利息加入本金再计算利息，逐期滚算的债券。

（3）累进利率债券，是指年利率以利率逐年累进方法计息的债券。累进利率债券的利率随着时间的推移，后期利率比前期利率更高，呈累进状态。

9. **按募集方式，分为公募债券和私募债券**

（1）公募债券，是指向社会公开发行，向不特定的多数投资者公开募集，任何投资者均可购买的债券，它可以在证券市场上转让。

（2）私募债券，是指向与发行者有特定关系的少数投资者募集的债券，其发行和转让均有一定的局限性。私募债券的发行手续简单，一般不能在证券市场上交易。

10. **按债券是否记名，分为记名公司债券和无记名公司债券**

（1）记名公司债券，是指在券面上记载持券人姓名或名称的债券。

（2）无记名公司债券，是指在券面上不需记载债券持有人姓名的债券。

11. **按是否参加公司盈余分配，分为参加公司债券和不参加公司债券**

（1）参加公司债券，债权人除享有到期向公司请求还本付息的权利外，还有权按规定参加公司盈余分配的债券。

（2）不参加公司债券与参加公司债券相对应。

12. **按能否上市，分为上市债券和非上市债券**

（1）上市债券，指可在证券交易所挂牌交易的债券，上市债券信用度高、价值高，具有较好的流动性，变现容易，可以在交易场所随时卖出，但上市条件严格，并要承担上市费用。

（2）非上市债券，指不在证券交易所挂牌交易的债券。

国债安全等级高，却不代表铁定赢利

国债，又称国家公债，是国家以其信用为基础，按照债券的一般原则，通过向社会筹集资金所形成的债权债务关系。国债是由国家发行的债券，是中央政府为筹集财政资金而发行的一种政府债券，是中央政府向投资者出具的、承诺在一定时期支付利息和到期偿还本金的债权债务凭证，由于国债的发行主体是国家，所以它具有最高的信用度，被公认为是最安全的"金边债券"。

简单说，国家出售债券就是一种承诺。比如，你花100元钱买了国家生产的某种商品，国家给你承诺，若干年后，国家将返还你120元钱。

如果你没有能力承受太大的风险，国债理财是最适合的选择。国债的收益率一般高于银行存款，且不需缴纳利息税，而且又有国家信用做担保，可以说是零风险投资品种。

现在我国国债投资者接触比较多的国债主要有两种，一种是储蓄国债（凭证式国债），一种是记账式国债。凭证式国债和记账式国债在发行方式、流通转让及还本付息方面有不少不同之处，购买国债时，要根据自己的实际情况来做出正确选择。

1. 储蓄国债（凭证式国债）

主要通过银行渠道发行，与定期存款有点类似，可以在到期前支取，但会损失一定利息。在许多国家，国债因为其安全性高，因而利率低于同期限的银行存款。在我国，因为银行存款的大众普及率高，存取方便，所以有时国债利率反而略高于同期限的银行存款，因而储蓄国债（凭证式国债）是银行存款较好的替代品之一。

储蓄国债（凭证式国债）收益还是稳定的，在超出半年后提前支取，其利率高于提前支取的活期利率，不需支付利息所得税，到期利息高于同期存款所得利息。所以，凭证式国债更适合资金长期不用者，特别适合把这部分钱存下来进行养老的老年投资者。

2. 记账式国债

又名无纸化国债，是由财政部通过无纸化方式发行的、以电脑记账方式记录债权并且可以上市交易的债券。

记账式国债以记账形式记录债权，通过证券交易所的交易系统发行和交易，可以记名、挂失。投资者进行记账式证券买卖，必须在证券交易所设立账户。由于记账式国债的发行和交易均无纸化，所以效率高、成本低、交易安全。

记账式国债根据不同的年限，有不同的付息方式。一般中长期的记账式国债采用年付或半年付，这些利息可以用来再投资，相当于复利计息。这对于长期的国债也是一笔不小的投资收益。记账式国债的价格，完全按市场供需及市场利率决定。当市场预期利率上升时价格下降，市场预期利率下降时价格则上升。如果在低价位购得记账式国债，则既享受了价差又享受了高利率。

一般情况下，记账式国债随着上市时间的推移，其净值波动幅度会越来越小，直至投资国债持有期满，收益也将趋于稳定。其收益率受市场的供求关系影响而上下波动。对于投资者而言，尽量避开国债净值多变的时段进入购买，即可将自己的投资风险控制在最低。

记账式国债不能提前支取，但是可以卖给其他人，主要交易渠道有银行和证券交易所。提前兑现时，仅需支付少量交易手续费，仍可享受按票面利率支付的持有期利息。如果价格没有大幅下跌，投资者不仅不损失原价，也不损失利息。

记账式国债更适合做 3 年以内的投资理财产品，而且收益性与流动性都强于凭证式国债。如果时间较长的话，一旦市场有变化，下跌的风险就会很大。年轻的投资者对信息及市场的变动非常敏感，所以记账式国债更适合年轻投资者购买。

此外，投资者投资前还要注意国债的分档计息规则。以第五期凭证式国债为例，从购买之日起，在国债持有时间不满半年、满半年不满1年、满1年不满2年、满2年不满3年等多个持有期限分档计息。因此，投资者应注意根据时段来计算，从而选取更有利的投资品种。

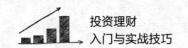

值得注意的是，在投资市场上，股市与债市存在一定的"跷跷板效应"：每当股市下跌时，国债价格上扬；每当股市上涨时，国债价格下跌。所以，投资国债也应该密切关注股市对国债行情的影响，以便做出正确的决策。

如何避免债券投资风险

虽然债券投资的回报率有高有低，但不同于房地产、股票等投资品种——在债券身上几乎看不到泡沫，债券的模式是还本付息。如面值100元的债券，一年后到期，约定利率为5%，其价格最终怎么也不会超过105元。

当然，债券市场价格经常变动，如果这种价格变动趋势没有按照预测发展的话，就可能导致损失。因为债券发行者在协议中承诺的利息或本金的偿还，都是事先约定的，一旦发生通货膨胀，货币的实际购买能力下降，就有可能赚回来的利息还不够抵付通货膨胀率，这就相当于亏钱了。

除了这种由于市场价格变动引发的风险外，债券突出的风险还表现为违约风险上，当发债公司不能按时履行付息还本的义务时，也会造成损失。

面对债券投资过程中可能遇到的各种风险，投资者应认真加以对待，利用各种方法和手段去了解风险、识别风险，寻找风险产生的原因，然后制定风险管理的原则和策略，运用各种技巧和手段去规避风险、转嫁风险，减少风险损失，力求获取最大收益。

因此，正确评估债券投资风险，明确未来可能遭受的损失，是投资者在投资决策之前要做好的工作。具体来说，债券投资存在以下几方面的风险：

1. 市场利率波动

利率是影响债券价格的重要因素之一。当利率提高时，债券收益率的吸引力便随之减弱，其价格就降低；当市场利率下降时，债券的价格反而上涨。而且期限越长的债券，对市场利率更敏感。所以，债券的价格也会受资金供求关系的影响。

2. 信用风险

所谓信用风险，又称违约风险，是指发债公司不能完全按期履行付息还本的义务而陷入危机的情况，它与发债企业的经营状况和信誉有关。当企业经营亏损时，它便难以支付债券利息；而当偿债企业盈利不足或资金周转困难时，企业就难以按期还本。

关于债券安全性，按照标准普尔公司信用等级划分办法，从高到低可划分为：AAA 级、AA 级、A 级、BBB 级、BB 级、B 级、CCC 级、CC 级、C 级和 D 级。中间还可以附带"＋"或"－"。在我国，很多投资人已经将 AA 级以下的债券叫垃圾债了。

3. 经营风险

经营风险是指发行债券的单位管理与决策人员在其经营管理过程中发生失误，造成企业的声誉和资信程度下降，也会影响二级市场债券的价格，从而给投资者造成损失。

为防范经营风险，在投资之前，应通过各种途径，充分了解和掌握各种信息，通过对其进行分析，了解其盈利能力、偿债能力及其信誉等。

选择多品种分散投资，是降低债券投资风险的最简单办法。有选择性地或随机购买不同企业的各种不同名称的债券，可以使风险与收益多次排列组合，能够最大限度地降低风险或分散风险。

4. 流动风险

是指投资者在短期内无法以合理的价格卖掉债券的风险。市场上，

债券种类繁多，有的热销，有的则市场接受度低一些，有得甚至根本没有市场，因此投资人在投资债券时要加以区分，谨慎购买。

5. 再投资风险

购买短期债券，而没有购买长期债券，会有再投资风险。例如，长期债券利率为14%，短期债券利率13%，为减少利率风险而购买短期债券。但在短期债券到期收回现金时，如果利率降低到10%，就不容易找到高于10%的投资机会，还不如当期投资长期债券，仍可以获得14%的收益，归根到底，再投资风险还是一个利率风险问题。

尽管目前长期债券的收益率高于中短期债券，但如果自己不能持有长期债券到期，那这种对未来利率走高的补偿也就不能享有了。所以对风险承受能力小的投资者来说，目前长期债券基本没有投资价值。

相对来说，短期债券由于存续期短，受以后加息的不确定因素的影响比较小，而且期限短，资金占用时间不长，再投资风险比较小。中期债券品种中，目前7年期国债与10年期、15年期国债的利率水平已经基本接近。不过期限短的债券，风险也相对较小。另外，对于同期限的国债来说，当收益率变动相同幅度的时候，票面利率越高，价格波动越小。因此，投资者可以适当选择期限在7年期左右的票面利率比较高的券种。

股票：勇敢者的游戏

　　纵观现在可以选的投资理财方式，如果想要获取10% ~ 20%的收益，很多人的第一选择注注是股市。虽然股市整体低迷，但也曾出现过让人振奋的表现。股市的浮浮沉沉，实际上就是一个现实版的勇敢者的游戏。

最复杂也最简单的投资品

　　股票，是股份公司在筹集资本时向出资人发行的股份凭证，代表着股东对股份公司的所有权。每一只股票所代表的公司所有权是相等的。每个股东所拥有的公司所有权份额的大小，取决于其持有的股票数量占公司总股本的比重。股东有权出席股东大会，参与公司的重大决策，收取股息和分享红利等。

　　股票是一种永不偿还的有价证券，一旦购入股票，就无权向股份公司要求退股。股东与公司之间不是债权债务关系，股东是公司的所有者，以其出资额为限对公司负有限责任，承担风险，分享收益。股东的

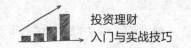

资金只能通过股票的转让、买卖来收回，将股票所代表着的股东身份及其各种权益让渡给受让者。

股票不是实际资本，只是对一个股份公司拥有实际资本的所有权证明，是参与公司决策和分享股息的凭证。

股票投资的收益包括收入收益和资本利得两个部分。收入收益指投资者购买股票，按照持股的份额在公司盈利中分配到的股息和红利收益。资本利得是指投资者在股票价格的变化中所得到的收益，也就是目前投资人在投资股票时，多不期望获得该公司股东所享有的出席及管理的权利，而是着眼于股票增值上扬获利。

1. 根据股东的权利，股票可分为普通股和优先股

（1）普通股，指的是在公司的经营管理和盈利及财产的分配上享有普通权利的股份，代表满足所有债权偿付要求及优先股东的收益权与求偿权要求后对企业盈利和剩余财产的索取权。它构成公司资本的基础，是股票的一种基本形式，也是发行量最大、最为重要的股票。目前，在上海和深圳证券交易所交易的股票都是普通股。

股份有限公司根据有关法规的规定以及筹资和投资者的需要，可以发行不同种类的普通股。

①按股票有无记名，分为记名股和不记名股。记名股，是在股票票面上记载股东姓名或名称的股票。这种股票除了股票上所记载的股东外，其他人不得行使其股权，且股份的转让有严格的法律程序与手续，需办理过户。我国公司法规定，像发起人、国家授权投资的机构、法人发行的股票，应为记名股。

不记名股，是票面上不记载股东姓名或名称的股票。这类票的持有人即股份的所有人具有股东资格，股票的转让也比较自由、方便，无须办理过户手续。

②按股票是否标明金额，分为面值股票和无面值股票。面值股票，

是在票面上标有一定金额的股票。持有这种股票的股东，对公司享有的权利和承担的义务大小，依其所持有的股票票面金额占公司发行在外股票总面值的比例而定。

无面值股票，是不在票面上标出金额，只载明所占公司股本总额的比例或股份数的股票。无面值股票的价值随公司财产的增减而变动，而股东对公司享有的权利和承担义务的大小，直接依股票标明的比例而定。我国公司法不承认无面值股票，规定股票应记载股票的面额，并且其发行价格不得低于票面金额。

③根据投资主体，分为国有股、法人股及社会公众股。国有股，指有权代表国家投资的部门或机构以国有资产向公司投资形成的股份，包括以公司现有国有资产折算成的股份。

法人股，指企业法人或具有法人资格的事业单位和社会团体，以其依法可经营的资产向公司非上市流通股权部分投资所形成的股份。目前我国上市公司的股权中法人股占 20% 左右。

社会公众股，是指我国境内的个人和机构，以其合法财产向公司可上市流通股权部分投资所形成的股份。除少量公司职工股、内部职工股及转配股上市流通受一定限制外，绝大部分的社会公众股都可以上市流通交易。我国公司法规定，单个自然人持股数不得超过该公司股份的 5‰。

④根据股票的上市地点和所面对的投资者，分为A股、B股、H股、N股和S股。

A股，即人民币普通股，是由中国境内公司发行，供境内机构、组织或个人（从2013年4月1日起，境内、港、澳、台地区居民可开立A股账户）以人民币认购和交易的普通股股票。A股以无纸化电子记账，实行"T+1"交割制度，有涨跌幅（10%）限制。

B股，即人民币特种股票。它是以人民币标明面值，以外币认购和买卖，在境内（上海、深圳）证券交易所上市交易的。在深圳交易所上市交易的B股按港元单位计价，在上海交易所上市的B股按美元单位计价。参与投资者限于香港、澳门、台湾地区的自然人、法人和其他组织，定居在国外的中国公民，中国证监会规定的其他投资人。B股以无纸化电子记账，实行"T+3"交割制度，有涨跌幅（10%）限制。

H股，指注册地在内地、上市地在香港的外资股。H股为实物股票，实行"T+0"交割制度，无涨跌幅限制。中国地区机构投资者、国际资本投资者可以投资于H股，个人直接投资于H股尚需时日。

N股，是指在中国大陆注册、在纽约上市的外资股。

S股，是指在中国大陆注册、在新加坡上市的外资股。

（2）优先股，是"普通股"的对称，是股份公司发行的，在分配红利和剩余财产时比普通股具有优先权的股份。优先股也是一种没有期限的有权凭证，优先股股东一般不能在中途向公司要求退股（少数可赎回的优先股例外）。优先股的优先权主要表现在股息领取优先权及剩余资产分配优先权。优先股主要有以下几种：

①累积优先股和非累积优先股。累积优先股是指在某个营业年度内，如果公司所获的盈利不足以分派规定的股利，日后优先股的股东对往年付给的股息有权要求如数补给。对于非累积的优先股，虽然对公司当年所获得的利润有优先于普通股获得分派股息的权利，但如果该年公司所获得的盈利不足以按规定的股利分配时，非累积优先股的股东不能要求公司在以后年度中予以补发。一般来讲，对投资者来说，累积优先股比非累积优先股具有更大的优越性。

②参与优先股与非参与优先股。当企业利润增大，除享受既定比率的利息外，还可以跟普通股共同参与利润分配的优先股，称为"参与优先股"。除了既定股息外，不再参与利润分配的优先股称为"非参与优先股"。一般来讲，参与优先股较非参与优先股对投资者更有利。

③可转换优先股与不可转换优先股。可转换的优先股是指允许优先股持有人在特定条件下把优先股转换成一定数额的普通股。否则，就是不可转换优先股。可转换优先股是近年来日益流行的一种优先股。

④可收回优先股与不可收回优先股。可收回优先股是指允许发行该类股票的公司，按原来的价格再加上若干补偿金将已发生的优先股收回。当该公司认为能够以较低股利的股票来代替已发生的优先股时，往往行使这种权利。反之，就是不可收回的优先股。

2. 配股及转配股

（1）配股，是上市公司根据公司发展的需要，依据有关规定和相应的程序，旨在向原股东进一步发行新股，筹集资金的行为。按照惯例，公司配股时，新股的认购权按照原有股权比例在原股东之间分配，即原股东拥有优先认购权，可自由选择是否参与配股。若选择参与，则必须在上市公司发布配股公告中配股缴款期内参加配股，若过期不操作，即为放弃配股权利，不能补缴配股款参与配股。一般的配股缴款起止日为5个交易日，具体以上市公司公告为准。

（2）转配股，又称公股转配股，是我国股票市场特有的产物。国家股、法人股的持有者放弃配股权，将配股权有偿转让给其他法人或社会公众，这些法人或社会公众行使相应的配股权时所认购的新股，就是转配股。

转配股虽然能解决国家股东和法人股东无力配股的问题，但它会造成国家股和法人股在总股本中的比重逐渐降低的状况，长此以往会丧失控股权。同时，转配股产生了不能流通的社会公众股，会影响投资者的认购积极性，带来股权结构的混乱。为克服转配股的局限性，越来越多上市公司的国家股东和法人股东，纷纷以现金或者以资产折算为现金参加配股，大大提高了公司的实力，既保证股权不被稀释，又鼓舞了社会公众对上市公司的投资信心。

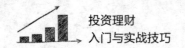
3. 根据股票业绩的表现，可分为蓝筹股、绩优股和垃圾股

（1）蓝筹股。"蓝筹"一词源于西方赌场，在西方赌场中，有三种颜色的筹码，其中蓝色筹码最为值钱，红色筹码次之，白色筹码最差。投资者把这些行话套用到股票上，把在其所属行业内占有重要支配性地位、业绩优良，成交活跃、红利优厚的大公司股票称为蓝筹股。

蓝筹股一般可以分为：一线蓝筹股、二线蓝筹股、绩优蓝筹股、大盘蓝筹股及蓝筹股基金。

①一线蓝筹股，是指业绩稳定，流股盘、总股本和权重较大的个股。

②二线蓝筹股，是指在市值、行业地位上以及知名度上略逊于一线蓝筹公司，但其整体表现仍然良好的个股。

③绩优蓝筹股，是从蓝筹股中因对比而衍生出的词，是以往业内已经公认业绩优良、红利优厚、保持稳定增长的公司股票，而"绩优"是从业绩表现排行的角度优中选优的个股。

④大盘蓝筹股，从各国的经验来看，那些市值较大、业绩稳定、在行业内居于龙头地位并能对所在证券市场起相当大影响的公司的股票成为大盘蓝筹股。按照美国的标准，市值高于100亿美元的称为大盘股，高于10亿美元的称为中盘股。

⑤蓝筹基金，是指把钱用于购买蓝筹股的基金。

（2）绩优股，是业绩优良且比较稳定的公司的股票。这些公司经过长时间的努力，具有较强的综合竞争力与核心竞争力，在行业内有较高的市场占有率，形成了经营规模优势，利润稳步增长，市场知名度很高。在我国，投资者衡量绩优股的主要指标是每股税后利润和净资产收益率。一般而言，每股税后利润在全体上市公司中处于中上地位，公司上市后净资产收益率连续三年显著超过10%的股票当属绩优股之列。

（3）垃圾股，顾名思义就是那些业绩较差、问题多的个股。一般是指评级为非投资级的股票（BB以下），每股收益在0.10元以下的个股均可称作垃圾股。

投资垃圾股的风险大，所以风险回报率（收益率）也高。20世纪80年代末，美国兴起了垃圾股投资热潮。特别是在企业上市受到一定约束的情况下，上市公司起码还具有"壳资源"的。在实际股市里，有一些垃圾股的股价远远超过绩优股的股价。因此垃圾股炒作还是值得考虑的。

股市操作要学会等待

有这么一个小故事：有个小女孩非常喜欢吃麦当劳的汉堡，于是在奶奶的鼓励下用自己的零花钱购买了3股麦当劳的股票。25年后，当年的这3股原始股成倍增长，已变成现在的200多股，价值接近两万美元。这是一个非常完美的个案，我们身边的股市远没有如此完美。近30年我国的GDP一直都在稳定增长，然而股市增长却非常有限。不过这也并不意味着没有类似的投资机会，而是当这种机会出现后，你能不能把握得住。

炒股的规则只有两个字："买"和"卖"。所以，炒股看起来很简单，但取胜的概率并不高，投资股票常伴随着风险，变动性也很大，股票只能根据个人买卖的结果来确定获利的高低，因此炒股是一项不太好赚钱的投资活动。

作为一般股民，买股票主要是买未来，希望买到的股票未来会涨。炒股有几个重要因素——量、价、时。时即为介入的时间，这是最为重要的。介入时间选得好，就算股票选得差一些，也会有赚；相反，介入时机不好，即便选对了股也不会涨，而且还会被套牢。所谓好的开始即成功了一半，选择"买卖点"非常重要。

那么，投资者该如何把握股票的买入点呢？具体来说，可以根据以

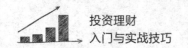

下几个方面来确定股票的最佳买入点：

1. 根据 K 线形态确定买入时机

（1）底部明显突破时为买入时机。比如W底、头肩底等，在股价突破颈线点时，为买点；在相对高位的时候，无论什么形态，也要小心为妙；另外，当确定为弧形底，形成10%的突破时，为买入时机。

（2）低价区小十字星连续出现时。底部连续出现小十字星，表示股价已经止跌企稳，有主力介入痕迹，若有较长的下影线更好，说明多头位居有利地位，是买入的较好时机。重要的是，价格波动要趋于收敛，形态必须面临向上突破。

2. 根据移动平均线判断买入时机

（1）上升趋势中股价回档不破10日均线是短线买入时机。上升趋势中，股价回档至10日均线附近时成交量应明显萎缩，而再度上涨时成交量应放大，这样后市上涨的空间才会更大。

（2）股价有效突破60日平均线时是中线买入时机。当股价突破60日均线前，该股下跌的幅度越大、时间越长越好，一旦突破之后其反转的可能性也将越大。

当股价突破 60 日均线后，需满足其均线拐头上行的条件才可买入。若该股突破均线后其 60 日均线未能拐头上行，而是继续走下行趋势，则表明此次突破只是反弹行情，投资者宜买入。

如果换手率高，30 日均线就是股价中期强弱的分界线。

3. 根据周线与日线的共振、二次金叉等几个现象寻找买点

（1）周线与日线共振。周线反映的是股价的中期趋势，而日线反映的是股价的日常波动，若周线指标与日线指标同时发出买入信号，信号的可靠性便会大增。如周线KDJ（随机指标）与日线KDJ共振是一个较佳的买点。日线KDJ是一个敏感指标，变化快、随机性强，经常发生虚假的买、卖信号，使投资者无所适从。运用周线KDJ与日线KDJ共同金叉（从而出现"共振"），就可以过滤掉虚假的买入信号，找到高质量的买入信号。不过，在实际操作时往往会碰到这样的问题：由于日线KDJ的变化速度比周线KDJ快，当周线KDJ金叉时，日线KDJ已提前金叉几天，股价也上升了一段，买入成本已抬高。为此，激进型的投资者可在周线K、J两线勾头，将要形成金叉时提前买入，以求降低成本。

（2）周线二次金叉。当股价经历了一段下跌后反弹起来突破30周线位时，我们称为"周线一次金叉"。不过，此时往往只是庄家在建仓而已，我们不应参与，而应保持观望。当股价再次突破30周线时，我们称为"周线二次金叉"，这意味着庄家洗盘结束，即将进入拉升期，后市将有较大的升幅。此时可密切注意该股的动向，一旦其日线系统发出买入信号，即可大胆跟进。

4. 根据行业政策判断买入时机

根据国家对某行业的政策，以及行业特点、行业公司等情况，买入看好的上市公司，比如国家重点扶持的农业领域，在政策的影响下，农业类的具有代表性的上市公司就是买入的群体。

5. 根据趋势线判断短线买入时机

中期上升趋势中，股价回调不破上升趋势线又止跌回升时是买入时机；股价向上突破下降趋势线后回调至该趋势线上是买入时机；股价向上突破上升通道的上轨线是买入时机；股价向上突破水平趋势线时是买入时机。

6. 根据成交量判断短线买入时机

（1）股价上升且成交量稳步放大时。底部量增，价格稳步盘升，主力吸足筹码后，配合大势稍加拉抬，投资者即会加入追涨行列，放量突破后即是一段飙涨期，所以出现第一根巨量长阳时大胆买进，可有收获。

（2）缩量整理时。久跌后价稳量缩。在空头市场上，大家都看坏后

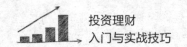

市，但一旦价格企稳，量也缩小时，可买入。

7. 买跌策略

买跌策略是指投资者购买股价正在下跌的股票的投资方法。选择那些股价跌入低位的成长股作为投资对象，风险小，收益大。当然，这种方法要对股票的内在素质进行深入研究，只有在认定该股具有上涨潜力后才能购买，而对业绩、成长性、前景不乐观的股票是不能轻易购买的。此外，还需确定股市与个股的大趋势没有发生根本逆转，否则将损失惨重。

8. 指数定投

因为我们不知道某个时间指数到底是高估还是低估，于是拉长时间取平均，两项叠加就是平均中的平均，可以获得股票投资的平均收益。

妥善控制股市风险

从投资理财角度上讲，我们都知道要跑赢CPI，但是还要跑赢GDP的增长，才能保住我们的财富。如果你的投资低于GDP的增速，你就输给了整个经济发展。

CPI对股市的影响也是显而易见的。一般情况下，物价上涨，股价也会跟着上涨；物价下跌，股价也会下跌。当然，CPI和股市价格并不存在绝对的正相关关系。

2015年股市风云，上可摸5000，下可破3000。"见过千股跌停，见过千股停牌，又见过千股涨停，从此股市人生完整了。"2015年的股市，无论是对新股民，还是老股民而言，都是一个难忘的年份。有报道显示，2016年以来A股总市值已经缩水13.3万亿元，那么我们不禁要问，那么大一笔财富都莫名其妙消失了吗？又是怎样被蒸发掉了的呢？

我们用具体的例子来说明一下。

农民老王在菜地里收了 10 个西瓜准备拿到市场上去卖。此时，西瓜的市场价是每个 1 元，老王的 10 个西瓜价值 10 元，这就是老王目前的财富。

第一天，在市场上第一个西瓜卖了 1 元钱，第二个只卖了 0.9 元。在此，按照股市的计算方法，老王手上的财富就是卖掉西瓜所得的 1.9 元和剩下的 8 个西瓜。这里，0.9 元就是卖西瓜的收盘价，省下的 8 个西瓜就值 7.2 元。原本 10 个西瓜可以卖到 10 元的，这时却只值 9.1 元，蒸发掉了 0.9 元。

第二天，老王继续去市场上卖西瓜。正好当天市场上就他一个人在卖西瓜，所以相当抢手，价格被抬高到 30 元一个。老王见奇货可居，于是只卖出去 4 个，得到 120 元钱。此时，老王手里卖掉西瓜的现金共 121.9 元和剩下的 4 个西瓜，这四个西瓜按照当时收盘价价值 120 元，理论上此时老王手上的财富是 241.9 元。

第三天，老王发现市场上太多卖西瓜的了，勉强以 0.8 元的价格卖掉了两个。此时他手上共有 123.5 元钱，和按照当时收盘价两个价值 1.6 元的西瓜。值得一提的是，此时老王的财富就从昨天的 241.9 元缩减到了 123.5 元。等到当天下午，老王发现剩下的两个西瓜已经坏掉了，他手里的财富于是只有 123.5 元钱。

从上例中我们可以发现，老王的财富是根据市场的变化而变化的。他的财富的最高值 241.9 元其实并不是他拿在手里的现金，而是现金加上他手里的西瓜的价值。而西瓜的价值是在变动中的。事实上，当西瓜因为市场供不应求被炒到 30 元一个的时候，已经严重背离了价值体系，而此时得出的 241.9 元本质上只是一种记账方法而已。

股市上的财富只是一种虚拟财富，股市里的财富是以股价来计价

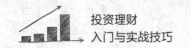

的。当股价下跌时，股市就是一个负和游戏，所有人的财富都在蒸发；当股价上涨时，股市就是一个正和游戏，所有人的财富都在增长。

"股市有风险，入市须慎重。"对投资者而言，风险控制永远比获取利润更重要。炒股其实是一把双刃剑，既可能带来巨大的收益，也可能带来巨大损失。

普通人进行投资理财很大部分都会进行以下操作：买股票、买基金、买银行理财产品、买保险。仔细看来，几乎都是围绕着A股做投资，全部押宝A股市场，其风险之高不言而喻。当股市一片惨跌之时，就剩下普通投资者被"割肉"的哀叹了。

作为投资者，股民必须对股票的投资有一定的风险控制策略，也只有这样才可能避免股市的残酷和无情。对个体投资者而言，成功的风险控制主要分为以下几点：

1. 要做自己熟悉的股票

不要刻意去追求所谓"黑马"和"热点"。做自己熟悉的股票，可以有效预测其何时涨、何时跌，跌到什么位置，自己心里一定要先弄清楚。

2. 慎用杠杆

股票投资上杠杆，也就是通常说的"借钱炒股"。大部分人都难以驾驭杠杆，股票投资一旦上杠杆，恐惧和贪婪便被成倍放大，赌性心理会更重，风险也会随之变大。

3. 确定合适的投资方式

股票投资采用何种方式因人而异。一般而言，不以赚取差价为主要目的，而是想多获得公司股利，宜采用长线交易方式。平日有工作，没有太多时间关注股票市场，但有相当的积蓄及投资经验，多适合采用中线交易方式。空闲时间较多，有丰富的股票交易经验，反应灵活，采用长中短线交易均可。如果喜欢刺激，经验丰富，时间充裕，反应快，则可以进行日内交易。

4. 制定周详的资金管理方案

俗语说："巧妇难为无米之炊。"股票交易中的资金，就如同我们赖以生存、解决温饱的大米一样。"大米"有限，不可以任意浪费和挥霍。因此，"巧妇"如何将有限的"米"用于"炒"一锅好饭，便成为极重要的课题。

股票投资人一般都将注意力集中在市场价格的涨跌之上，愿意花很多时间去打探各种利多利空消息，研究基本因素对价格的影响，研究技术指标做技术分析，希望能做出最标准的价格预测，但却常常忽略了本身资金的调度和计划。

其实，在弱肉强食的股市中，必须首先制订周详的资金管理方案，对自己的资金进行最妥善的安排，并切实实施，才能确保资金的风险最小。只有保证了资金风险最小，才能使投资者进退自如，轻松面对股市的涨跌变化。

5. 要控制资金投入比例

在行情初期，不宜重仓操作。在涨势初期，最适合的资金投入比例为30%。这种资金投入比例适合空仓或者浅套的投资者采用，对重仓套牢的投资者而言，应该放弃短线机会，将有限的剩余资金用于长远规划。

6. 投资分散

俗话说："不要将鸡蛋放到一个篮子里面。"其意思是分散风险，这本来没有错，可是许多散户并没有正确地理解这个意思。投资过于分散有很大的弊病：第一，持有股票多肯定使持仓的成本上升，因为买100股肯定比买1000股付出的平均手续费要贵；第二，你不可能有精力对这么多的股票进行跟踪；第三，最糟糕的是，这样买股票你就算是买到了"黑马"也不可能赚到钱，说不定还要赔，因为一匹"黑马"有再大的力气也拉不动装着10头瘸驴的车，这是常理。

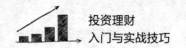
7. 太贪心不懂节制

投资的正确心理应该是：该贪时必须贪，不该贪时坚决不贪。你有10万资产，拿出1万来炒股，你想赚10倍，这不叫贪心。相反，如果你只赚了10%就收手，不仅不聪明，还非常危险，因为市场不会总是提供那些低风险的投资机会给你，下一次你可能要追高买进，而紧接着又可能会赶上大跌，你反而变成了亏损，这就是该贪而不贪的结局。

8. 设置止损点

做股票一定要设置止损点，做到打得赢就打，打不赢就跑，绝不恋战。因为往往大跌时一般股票都会有调整，而且一旦调整后，往往可能跌得非常迅速且彻底。在股市脱离其内在价值时，股民应执行投资纪律，坚决离开。

9. 坚持持股才能赚大钱

"长线是金，短线是银"是股市中流行了多年的经典。如果想要在股市调整中抢反弹来增加利润和弥补亏损，这本身就已经落入了主力的陷阱之中。而且，由于股市投资不同于其他传统行业，注定了多数人的结局必然是亏损，所以如果你想不同于其他人而获得成功，就必须远离那些众多的失败者，坚持自己的选择。

10. 学会空仓和等待

你要知道"满仓为炒股，空仓也为炒股"的道理。学会空仓和等待，是每一个投资者的必修课。

期货：以小搏大的杠杆玩法

　　期货交易双方不必在买卖发生的初期就交收实货，而是共同约定在未来的某一时间交收实货。为什么要这样呢？因为卖家会判断自己手中的商品在某个时间段价格会达到最高，于是选择在那个时候卖出，以获得最大收益。

你了解期货吗

　　1570 年，伦敦有了世界上第一家商品远期合同交易所——皇家交易所。

　　为了适应商品经济的不断发展，1985年，芝加哥谷物交易所推出了一种被称为"期货合约"的标准化协议，取代原先沿用的远期合同。使用这种标准化合约，允许合约转手买卖，并逐步完善了保证金制度。于是，一种专门买卖标准化合约的期货市场形成了，期货成为投资者的一种投资理财工具。

　　期货的英文为"Futures"，是由"未来"一词演化而来的。期货主要不是货，而是以某种大众产品，如棉花、大豆、石油等，及金融资

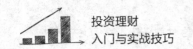

产，如股票、债券等为标的物的标准化可交易合约。因此，期货标的物可以是某种商品，如黄金、原油、农产品，也可以是金融工具。广义的期货还包括了交易所交易的期权合约。大多数期货交易所同时上市期货与期权品种。

期货交易的对象并不是商品（标的物）的实体，而是商品（标的物）的标准化合约。期货交易可以分为商品期货和金融期货。商品期货又分为农产品期货和工业品（可细分为金属商品、能源商品）期货等。金融期货主要是传统的金融商品（工具），如股指、利率、汇率等各类期货交易，包括期权交易等。

1. 商品期货

农产品期货：如大豆、豆油、豆粕、籼稻、小麦、玉米、棉花、白糖、咖啡、猪腩、菜籽油、棕榈油等。

金属期货：如铜、铝、锡、铅、锌、镍、黄金、白银、白金、螺纹钢、线材等。

能源期货：如原油（塑料、PTA、PVC）、汽油（甲醇）、燃料油。新兴品种包括气温、二氧化碳排放配额、天然橡胶。

2. 金融期货

股指期货：如英国FTSE指数、德国DAX指数、东京日经平均指数、香港恒生指数、沪深300指数。

利率期货：指以债券类证券为标的物的期货合约，其可以避免利率波动所引起的证券价格变动的风险。利率期货一般可分为短期利率期货和长期利率期货，前者大多以银行同业拆借中场3月期利率为标的物，后者大多以5年期以上长期债券为标的物。

外汇期货：又称为货币期货，是一种在最终交易日按照当时的汇率将一种货币兑换成另外一种货币的期货合约。是指以汇率为标的物的期货合约，用来回避汇率风险。它是金融期货中最早出现的品种。

期货交易的目的是转移价格风险或获取风险利润。投资者可以对期货进行投资或投机。交收期货的日期可以是一个星期之后、一个月之后、三个月之后，甚至一年之后。有些人认为对期货的不恰当投机行为，例如无货沽空，可以导致金融市场的动荡，这是不正确的看法。可以同时做空做多，这才是健康正常的交易市场。

期货市场是进行期货交易的场所，是多种交易关系的总和。它是按照公开、公平、公正的原则，在现货市场的基础上发展起来的高度组织化和高度规范化的市场形式，既是现货市场的延伸，又是市场的又一个高级发展阶段。

期货市场实行以下基本制度：

1. 保证金制度

在期货交易中，任何交易者必须按照其所买卖期货合约价值的一定比例（通常为5%~10%）缴纳资金，作为其履行期货合约的财力担保，然后才能参与期货合约的买卖，并视价格变动情况确定是否追加资金。这种制度就是保证金制度，所交的资金就是保证金。保证金制度既体现了期货交易特有的"杠杆效应"，同时也成为交易所控制期货交易风险的一种重要手段。

2. 每日结算制度

期货交易的结算是由交易所统一组织进行的。期货交易所实行每日无负债结算制度，又称"逐日盯市"，是指每日交易结束后，交易所按当日结算价结算所有合约的盈亏、交易保证金及手续费、税金等费用，对应收、应付的款项同时划转，相应增加或减少会员的结算准备金。

期货交易的结算实行分级结算，即交易所对其会员进行结算，期货经纪公司对其客户进行结算。每天结算后的资金，在第二天期货交易所开盘后就可以直接取出来，而股市当天卖了股票，资金需要在第二天才能取出来（除周六、周日外）。

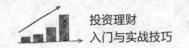

3. 涨跌停板制度和熔断机制

涨跌停板制度，又称每日价格最大波动限制，指期货合约在一个交易日中的交易价格波动不得高于或低于规定的涨跌幅度，超过该涨跌幅度的报价将被视为无效，不能成交。

熔断机制是为即将推出的股指期货设定的。沪深 300 指数期货合约的熔断幅度为上一交易日结算价的正负 6%。在开盘之后，当某一合约申报价触及上一交易日结算价的正或负 6% 时且持续五分钟，该合约会启动熔断机制。启动熔断机制后的连续五分钟内，该合约买卖申报不得超过熔断价，但可以继续撮合成交。启动熔断机制五分钟后，10% 涨跌停板生效。每日收盘前 30 分钟内，不启动熔断机制。

4. 持仓限额制度

持仓限额制度，是指期货交易所为了防范操纵市场价格的行为和防止期货市场风险过度集中于少数投资者，对会员及客户的持仓数量进行限制的制度。超过限额，交易所可按规定强行平仓或提高保证金比例。

5. 大户报告制度

大户报告制度，是指当会员或客户某品种持仓合约的投机头寸达到交易所对其规定的头寸持仓限量的 80% 以上（含本数）时，会员或客户应向交易所报告其资金情况、头寸情况等，客户须通过经纪会员报告。大户报告制度是与持仓限额制度紧密相关的又一个防范大户操纵市场价格、控制市场风险的制度。

6. 实物交割制度

实物交割制度，是指交易所制定的，当期货合约到期时，交易双方将期货合约所载商品的所有权按规定进行转移，了结未平仓合约的制度。

7. 强行平仓制度

强行平仓制度，是指当会员或客户的交易保证金不足并未在规定的时间内补足，或者当会员或客户的持仓量超出规定的限额时，或者当会员或客户违规时，交易所为了防止风险进一步扩大，实行强行平仓的制度。简单地说，就是交易所对违规者的有关持仓实行平仓的一种强制措施。

8. 风险准备金制度

风险准备金制度，是指期货交易所从自己收取的会员交易手续费中（含向会员优惠减收部分）提取一定比例（20%）的资金，作为确保交易所担保履约的备付金的制度。当风险准备金达到交易所注册资本的 10 倍时，可不再提取。

风险准备金实行单独核算制度，专户存储，除用于弥补风险损失外，不能挪为他用。风险准备金的动用应遵循事先规定的法定程序，经交易所理事会批准，报中国证监会备案后按规定的用途和程序进行。

投资者投资期货，除关注国内期货行情外，也要对以美国、欧洲、伦敦等交易所为主的国际期货市场加以足够的重视。有些美国期货合约品种如大豆、铜对国内期货价格变动会有影响，国内投资者可以参考外盘行情。大型生产商与贸易商也可根据外盘行情做好套期保值，对冲现货交易损失。

期货交易的基本程序

一般而言，客户进行期货交易涉及以下几个环节：开户、下单、竞价、结算、交割。

在期货交易的实际操作中，大多数期货交易都是通过对冲平仓的方式了结履约责任，进入交割环节的比重非常小，所以交割环节并不是交易流程中的必经环节。

1. 开户

投资者应选择具备合法代理资格、信誉好、资金安全、运作规范、

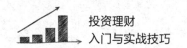

收费比较合理的期货公司。

在我国，由中国期货保证金监控中心有限责任公司（简称监控中心）负责客户开户管理的具体实施工作。一般来说，各期货公司会员为客户开设账户的程序及所需的文件细节虽不尽相同，但其基本程序是相同的。开户的基本程序如下：

（1）投资者应当本人亲自办理开户手续，签署开户资料。期货公司应当对客户开户资料进行审核，确保开户资料的合规、真实、准确和完整。

（2）期货公司在接受客户开户申请时，必须向客户提供期货交易风险说明书，投资者应在仔细阅读并理解后，在该期货交易风险说明书上签字。

（3）投资者与期货经纪机构共同签署期货经纪合同书，明确双方权利义务关系，正式形成委托关系。

（4）期货公司为投资者申请各期货交易所交易编码，并为客户提供专门账户，供客户从事期货交易的资金往来，该账户与期货经纪机构的自有资金账户必须分开。客户必须在其账户上存有足额保证金后，方可下单。

投资者在与期货公司签署期货经纪合同之后，在下单交易之前，应按规定缴纳开户保证金。期货公司应将客户所缴纳的保证金存入期货经纪合同中指定的客户账户中，供客户进行期货交易之用。

2. 下单

下单是指客户在进行每笔交易前向期货公司业务人员下达交易指令，说明拟买卖合约的种类、数量、价格等的行为。

交易指令的内容一般包括：期货交易的品种及合约月份、交易方向、数量、价格、开平仓等。通常客户应先熟悉和掌握有关的交易指令，然后选择不同的期货合约进行具体交易。

客户在正式交易前，应制订详细周密的交易计划。在此之后，客户即可按计划下达交易指令（即下单交易）。目前，我国客户的下单方式有书面下单、电话下单和网上下单三种，其中网上下单是最主要的方式。

3. 竞价

竞价方式主要有公开喊价方式和计算机撮合成交两种方式。其中，公开喊价属于传统的竞价方式。

（1）公开喊价方式。又可分为连续竞价制和一节一价制两种形式。连续竞价制，指在交易所交易池内由交易者面对面地公开喊价，表达各自买进或卖出合约的要求。按照规则，交易者在报价时既要发出声音，又要做出手势，以保证报价的准确性。公开喊价有利于活跃场内气氛，维护公开、公平、公正的定价原则。这种公开喊价方式曾经在欧美期货市场较为流行。

一节一价制，是指把每个交易日分为若干节，每节交易由主持人最先叫价，所有场内经纪人根据其叫价申报买卖数量，直至在某一价格上买卖双方的交易数量相等时为止。每一节交易中一种合约一个价格，没有连续不断的竞价。这种叫价方式曾经在日本较为普遍。

（2）计算机撮合成交方式。是根据公开喊价原理设计而成的一种计算机自动化交易方式，指期货交易所的计算机交易系统对交易双方的交易指令进行配对的过程。这种交易方式准确、连续，但有时会出现交易系统故障等因素造成的风险。国内期货交易所均采用计算机撮合成交方式。

4. 结算

结算是指每一交易日交易结束后，交易所对每一会员的盈亏、交易手续费、交易保证金等款项进行结算。结算完成后，交易所采用发放结算单据或电子传输等方式向会员提供当日结算数据。

但交易所并不直接对客户的账户结算收取和追收客户保证金，而由期货公司承担该工作。期货公司根据期货交易所的结算结果对客户进行结算，结算单一般载明下列事项：账号及户名、成交日期、成交品种、合约月份、成交数量及价格、买入或者卖出、开仓或者平仓、当日结算

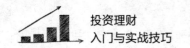
价、保证金占用额和保证金余额、交易手续费及其他费用。当每日结算后客户保证金低于期货公司规定的交易保证金水平时，期货公司按照期货经纪合同约定的方式通知客户追加保证金。

5. 交割

交割是指期货合约到期时，按照期货交易所的规则和程序，交易双方通过该合约所载标的物所有权的转移，或者按照结算价进行现金差价结算，了结到期未平仓合约的过程。其中，以标的物所有权转移方式进行的交割为实物交割；按结算价进行现金差价结算的交割方式为现金交割。一般来说，商品期货以实物交割方式为主；股票指数期货、短期利率期货多采用现金交割方式。

期货交易的特点及影响期货价格的因素

期货交易是 21 世纪世界上伟大的投资之一，特别是随着现代经济与信息技术的发展，投资者通过期货投资参与全球金融市场，其收益是显而易见的。期货交易是在现货交易的基础上发展起来的，当然期货交易也有自己显著的特点。

（1）双向性。期货交易可以双向交易，既能做多也能做空。价格上涨时可以低买高卖，价格下跌时可以高卖低补。做多可以赚钱，做空也可以赚钱，所以说期货无熊市。

（2）杠杆作用。杠杆原理是期货投资的魅力所在。期货市场里交易无须支付全部资金，目前国内期货交易只需要支付5%的保证金即可获得未来交易的权利。由于保证金的运用，原本行情被以十余倍放大。如果操作正确，资金的利润率将达到最大化。当然，如果操作失误，损失也将被放大。在某种意义上讲，期货可以使你一夜暴富，也可以使你顷刻间一贫如洗。

（3）费用低。期货交易没有印花税等税费，只需交纳交易手续费即可。一般国内交易所手续费在万分之二、万分之三左右，加上经纪公司的附加费用，单边手续费亦不足交易额的千分之一。

（4）交易便利。期货交易有固定的场所、程序和规则，运作高效。同时，期货是"T+0"的交易，你可以随时交易，随时平仓，使资金的应用达到极致。

（5）零和博弈。期货市场本身并不创造利润。在某一时段里，不考虑资金的进出和提取交易费用，期货市场总资金量是不变的，市场参与者的赢利只能来自另一个交易者的亏损。

（6）合约的履约有保证。期货交易达成后，需通过结算部门结算、确认，无须担心交易的履约问题。

由此不难看出，期货投资具有高风险性，这一点是投资者不可忽视的，但任何投资品种都有它特有的规律和特点，只要把握住了规律，就可以有效地控制风险。一般而言，影响期货价格变动的因素主要有以下几种：

（1）市场供求关系。通常决定期货价格的根本因素只能是供求关系。总体上说期货的市场供应趋势是，供大于求时，价格下跌；反之，价格就上扬。

（2）季节性因素。某些期货产品，诸如大豆等农副产品，无论现货价格还是期货价格都会受到气候与天气因素的影响。

（3）政策因素。某些期货受国家政策影响非常严重，譬如有指导购价、种植补贴等，还有收储政策。国家提高指导收购价，当然会使价格上涨；提高收储率，使市场供应减少，也会使价格上涨。

（4）国际期货市场的联动性。随着国际一体化进程的发展，世界上主要期货市场价格的相互影响也日益增强。各国、各地区现货价格同国

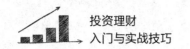
际期货价格相关性很强，国内期货价格同国际价格在变动趋势上具有一定的趋同性。

（5）国际、国内政治经济形势。国际、国内的整体经济形势是期货投资基本分析中的一个重点。世界经济景气与否是决定商品期货价格的重要因素之一。当经济景气时，生产扩张，贸易活跃，从而引起商品需求的增加，推动期货价格的上涨。反之下跌。

国内经济形势的变化，特别是国民经济主要指标的变化，将直接影响农产品期货价格的变化。当国内消费指数偏高时，投资者要考虑未来走势。当国家宏观经济宽松时，社会发展稳定，资金供应量较为宽松，不仅经济发展速度加快，而且投入期货市场的资金也增多。反之减少。

（6）经济周期。经济周期是市场经济的基本特征，一般由复苏、繁荣、衰退和萧条四个阶段组成。在经济周期中，经济活动的波动发生在几乎所有的经济部门。受此影响，期货的价格也会出现相应的波动。从宏观进行分析，经济周期是非常重要的影响因素之一。

（7）节假日。某些期货价格还受到节假日因素的影响，在节假日里，这些产品进入消费旺盛时期，价格往往比较高。在节假日之后的一段时期，由于期货产品消费量的降低，价格也会慢慢回落。

（8）其他因素。一些突发事件，如疯牛病、寨卡等疫情对市场的价格会产生一定的影响；利率变化、汇率变化、通货膨胀率、消费习惯、运输成本难易等因素的变化也会对期货价格产生一定的影响；市场投机力量和变化及心理因素也常常会影响期货价格的走势。

掌握正确的期货投资哲学

与现货交易和股票投资相比，投资者在期货市场上投资资金比其他投资要小得多，俗称"以小博大"。期货交易的目的不是获得实物，而是回避价格风险或套利，一般不实现商品所有权的转移。期货市场的基本功能在于给生产经营者提供套利保值、回避价格风险的手段，以及通过公平、公开竞价形成公正的价格。理财专家认为，无论对个人投资者，还是对机构投资者来说，期货市场都是一个很好的市场。

但是，期货市场上价格波动更大，更为频繁，其交易的远期性也带来更多的不确定因素。交易者的过度投机心理，保证金的杠杆效应，无疑增大了期货交易风险产生的可能性。可以说，期货投资的风险是非常大的。因此，投资期货市场应首先要考虑如何回避市场风险，只有在市场风险较小或期货市场上投机所带来的潜在利润远远大于所承担的市场风险时，才可选择入场交易。

一般而言，期货投资的风险体现在以下几个方面：

1. 杠杆使用风险

资金放大功能使得收益放大的同时也面临着风险的放大，因此对于 10 倍左右的杠杆应该如何用，用多大，也应该因人而异。水平高一点的投资者可以应用 5 倍以上甚至用足杠杆，水平低的投资者如果也用高杠杆，那无疑就会有风险失控的危险。

2. 强行平仓和爆仓风险

交易所和期货经纪公司要在每个交易日进行结算，当投资者保证金不足并低于规定的比例时，期货公司就会强行平仓。有时候如果行情比较极端甚至会出现爆仓，即亏损大于你的账户中的保证金。如果爆仓导致亏空且由投资者的原因引起，投资者需要将亏空补足，否则将会面临法律的追索。

3. 交割风险

指投资者可以在期货合约到期前对冲平仓，如果不能及时完成对冲操作，就要承担交割责任，那时就要凑足足够的资金或者实物货源进行

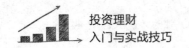

交割（货款是保证金的 10 倍左右）。对投资者来说，如果不选择交割，那么在临近交割期时最好不要再持有相应的合约。这是期货市场与其他投资市场的显著区别之一，投资新手一定要引起足够的重视。

虽然期货交易的风险很大，但投资者可以通过有效的防范来规避风险，减少损失，增加自己在交易过程中的收益。

1. 心理上的准备

期货价格无时无刻不在波动，对这个变化的市场，自然是判断正确的获利，判断失误的亏损。因此，入市前做好盈亏的心理准备十分必要。

2. 充实自己的投资知识

在进行期货交易之前，对期货交易基础知识及全球化经济市场的知识都要有所了解，随时关心时事，培养敏锐的观察力。因为进行期货交易会涉及金融、宏观经济政策、国内外经济走势等多方面的因素，同时，不同的上市品种还具有各自的走势特点，尤其是农产品期货受天气等自然因素影响很大。在参与期货交易之前应对上述内容有全面的认识，养成灵敏的应变能力，只要情况有变，就能够准确察觉并做好准备。

3. 市场信息上的准备

在期货市场这个完全由供求法则决定的自由竞争市场上，信息显得异常重要。谁能及时、准确、全面地掌握市场信息，谁就能在竞争激烈的期货交易中获胜。

4. 拟定交易计划

计划交易是指投资者在交易前制定科学的交易计划，对建仓过程、建仓比例、可能性亏损幅度制定相应的方案和策略。交易时，严格执行此计划，严格遵守交易纪律；交易后，及时总结反思该计划。轻易改变交易计划将使投资者对大势方向的判断动摇不定，错过获取较大赢利的时机，导致不必要的亏损，另外还要承受频繁交易的交易手续费。

5. 资金管理

有效的资金管理在期货交易中非常重要。投资者一般动用资金的1/3开仓，必要时还需要减少持仓量来控制交易风险，避免资金由于开仓量过大、持仓部位与价格波动方向相反等因素的影响而蒙受较重的资金损失。最好的方法，就是交易资金常保持3倍于持有合约所需的保证金。这个规则可避免用所有的交易资金来决定买卖，有时会被迫提早平仓，但会因而避免大赔。在实际操作中，投资者还应根据其各自资金实力、风险偏好，以及对所投资品种在历史走势中逆向波动的最大幅度、各种调整幅度出现概率的统计分析，来设置更合理有效的仓位。

6. 及时止损

当投资的商品价格下跌到某一价格使亏损达到保障金额的某一个百分等级的时候，应设法停止亏损，不要被损失所纠缠，而应当机立断，忍痛割爱。及时反手。事实上，亏损的单子就好比恶性肿瘤，大多数时候是越长越大的，早期发现早下决断往往会有更好的结局。因此，及时止损至关重要。投资者应根据自己的资金实力、心理承受能力，以及所交易品种的波动情况设立合理的止损位。只要能及时止损，期货投资的风险就会降低很多。

7. 提高保证金成数

保证金成数是保证金额占整个投资总金额的百分比。提高保证金的成数，也就等于降低了整个的投资金额。这样，就可以有效减少亏本的数目。但这一做法的缺点就是赚钱时所获得的利润也会相应降低。

8. 选择价格波动幅度小的商品

在观察期货商品的价格之后，可以发现其中有些商品的价格浮动比较大，这部分商品适合短期投资，而且是可能大赚也可能大赔的投资商品。但是，其中有一些价格波动幅度较小的商品还是比较稳定的投资，无论是赚钱还是赔钱，金额都比较小。如果不想承担太大的风险，就可

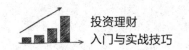
以选择这类价格波动幅度比较小的商品，这也是降低风险的一种方式。

9. 闲钱投机，赢钱投资

心智上的自由才能做出稳健的买卖决定，这是期货商品买卖成功的要素之一。因此，用来投资的，必须是可以赔得起的闲钱。如果动用维持家庭正常开销的资金，抱着赌徒式的心理将身家性命都押到期货投资上去，那注定是要失败的，因为这将导致不能从容运用，可能由于较多的牵挂而无法做出正确的判断，最终导致投机失败。"买卖的决定，必须不受赔掉家用钱的恐惧感所左右。"一般投资期货的资金比例最好能控制在自由流动资金的25%以内为佳。若投资期货盈利状况良好，则最好拿出盈利的50%投资不动产，不失为明智的选择。

总之，只要投资者在充分了解期货市场风险的基础上，合理做好期货交易的风险管理，仍可有效地控制期货交易风险，提高自身的盈利水平。

银行理财产品
多样化的理财方式

银行理财产品，是商业银行在对潜在目标客户群进行分析
研究的基础上，针对特定目标客户群开发设计并销售的资金
投资和管理计划。在理财产品这种投资方式中，
银行只是接受客户的授权管理资金，投资收益与风险由
客户或客户与银行按照约定方式双方承担。
主要有基金和信托类产品两种。

基金：你的私人专家智囊团

对于投资人来说，基金就是把钱交给专业财经人士打理。基金管理公司收取一定的费用，如管理费、申赎费等，扣除这些费用后，不论是赚是赔，均由基金投资人承担。

品类繁多的基金

这里的基金主要是指证券投资基金，指通过公开发售基金份额募集资金，由基金托管人托管，由基金管理人管理和运作资金，为基金份额持有人的利益以资产组合方式进行证券投资的一种利益共享、风险共担的集合投资方式。

根据基金单位是否可增加或赎回，可分为开放式基金和封闭式基金。开放式基金是指基金设立后，基金单位总数不固定，可以根据发展要求追加发行，投资者可随时申购或赎回的投资基金。开放式基金是世界各国基金运作的基本形式之一。

封闭式基金是指基金规模在发行前已确定，在发行完毕后的规定期

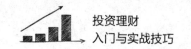
限内，基金规模固定不变的投资基金。封闭期通常在5年以上，一般为10年或15年，经受益人大会通过并经主管机关同意可以适当延长期限。封闭式基金的基金单位在封闭期限内不能赎回，投资者日后买卖基金单位都必须通过证券经纪商在二级市场上进行竞价交易。

现在市场上的基金都是封闭式基金，它们都在证券交易所挂牌上市交易，投资者只要到各个证券公司的证券营业部就可以进行买卖，只需交纳0.25%的交易佣金，无须支付印花税。而开放式基金一般通过基金管理人及其制定的代销网点销售，银行是开放式基金最常用的代理销售渠道。

在各式金融商品中，股票风险大、挑选难，期货风险更大。不妨选择各式基金作为踏入投资旅程的第一步。

2008年底，马先生的儿子出生后，他就为儿子购买了一笔教育基金，并于次年1月开通了基金定投，每月投资500元。随着股市的跌宕起伏，马先生所购买的基金最低时已亏损了约30%，但他还是不改初衷坚持定投，最近他算了一笔账，定投50个月以来，累计投入资金两万五千多元，加上红利再投资收益，总收益率超过20%。这更坚定了马先生的信心。

当然，定投基金并不意味着办理定投之后不再搭理，而应该适时把获利部分转为低风险的固定收益类产品，再用本金继续进行投资。循序渐进是投资的一个重要技巧，无论是理财新人，还是理财达人，在进入一个新的投资领域时，一定要遵循由易到难的原则，在自己还不熟悉的情况之下，绝不能盲目地一掷千金，而应该先找风险较低的产品尝试一下。

对于普通投资者而言，很难实时掌握正确的投资时点，常常可能是在市场高点买入，在市场低点卖出。而采用基金定期定额投资方式，不论市场行情如何波动，每个月固定一个投资基金，最终投资的成本也会比较平均，从而降低风险。

想要尝试投资证券投资基金，首先要知道证券投资基金的基本类别，了解有什么基金，以便在众多的基金中选择适合自己收益风险偏好的基金。

普通大众所能接触到的基金被称为"公募基金"，其特点是可以公开宣传，公开募集发行，投资门槛低。此外，还有面向高净值人士的私募基金，其特点是不能公开宣传，只能面向少数特定人群，认购门槛高（不低于100万）。

基金可以投资的范围很广，主要分为以下几类：

1. 货币基金

是以货币市场工具为投资对象的一种基金。货币市场基金通常被认为是无风险或低风险的投资，主要投资短期货币工具（一般期限在一年以内，平均期限120天）。如短期国债、中央银行票据、商业汇票、银行承兑汇票、银行定存和大额转账的存单等。通常，货币市场基金的收益会随着市场利率的下跌而降低，与债券基金正好相反。

2. 股票型基金

是以股票为主要投资对象的基金，股票投资比例须在60%以上。国内所有上市交易的封闭式基金及大部分的开放式基金都是股票基金，投资者之所以钟爱股票基金，原因在于可以有不同的风险类型供选择，而且可以克服股票市场普遍存在的区域性投资限制的弱点。此外，还具有变现性强、流动性强等优点。由于聚集了巨额资金，几只甚至一只基金就可以引发股市动荡，所以各国政府对股票基金的监管都十分严格，不同程度地规定了基金购买某一家上市公司的股票总额不得超过基金资产净值的一定比例，防止基金过度投机和操纵股市。

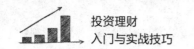
根据不同的投资风格，股票基金可分为成长型、价值型和混合型基金。成长型股票基金是指主要投资于收益增长速度快，未来发展潜力大的成长型股票的基金；价值型股票基金是指主要投资于价值被低估、安全性较高的股票的基金。价值型股票基金风险要低于成长型股票基金，混合型股票基金则是介于两者之间。

3. 债券型基金

是以债券为主要投资对象的基金，债券比例须在 80% 以上。

全部投资于债券的称为纯债券基金；大部分基金资产投资于债券，少部分投资于股票的称为债券型基金。

债券基金收益受到货币市场利率的影响，当市场利率下调时，其收益就会上升；反之，若市场利率上调，则基金收益率下降。除此以外，汇率也会对基金的收益造成影响，管理人在购买非本国货币的债券时，往往还在外汇市场上做套期保值。债券的年利率固定，风险较低，适合稳健型投资者。

4. 混合基金

主要从资产配置的角度看，股票、债券投资比率可以灵活调控，没有固定的范围。

基金的申赎及交易方式

基金作为一种中长期的投资工具，追求的是长期投资收益和效果。如果担心股票市场震荡难以把握，可以考虑风险小一些的债券基金、偏债基金和货币基金。基金按能否进行申赎，可以分为封闭式基金和开放式基金。同时根据是否能够在交易所买卖，又可分为交易型基金和不可交易型基金。下面我们就要了解一下基金的认（申）购、赎回和转换的具体实施步骤。

1. 认（申）购

基金购买，分认购期和申购期。基金首次发售基金份额称为基金募集，在基金募集期内购买基金份额的行为称为基金的认购，一般认购期最长为一个月。而投资者在募集期结束后，申请购买基金份额的行为通常叫基金的申购。在基金募集期内认购，一般会享受一定的费率优惠。

举个例子，如果你拿出 10 万元准备认购一只新发行的基金，如果认购费率的标准为 1.2%，那么 10 万元的认购额需要扣除掉的认购费为：10 万 × 1.2% = 1200 元，而余下的 98800 元则是你投资的净认购额。一般申购费为 1.5%，同样是 10 万元的资金，扣除的申购费用为 1500 元，净申购为 98500 元。一般为了鼓励投资者认购新的基金，认购费的比例会低于申购费。但认购期购买的基金一般要经过封闭期才能赎回，这个时间是基金经理用来建仓的，不能买卖，而申购的基金在第二个工作日就可以赎回。

投资者可以在开立基金交易账户的同时办理购买基金，在基金认购期内可以多次认购基金。投资者拿到代销机构的业务受理凭证仅仅表示业务被受理了，但业务是否办理成功必须以基金管理公司的注册登记机构确认的为准，投资者一般在 T+2 个工作日才能查询到自己在 T 日办理的业务是否成功。

投资者在 T 日提出的申购申请一般在 T+1 个工作日得到注册登记机构的处理和确认，投资者自 T+2 个工作日起可以查询到申购是否成功。

理论上，网上交易可以 24 小时下单，直接到柜台交易的话只有在正常工作时间才可以下单。但下单不代表能买，因为开放式基金的申购价格是按照当日股市收盘后基金公布的净值来确定的。也就是说，如果是在正常工作日当日的下午 3 点前申购的基金，那么按照当日收盘后基金公司公布的基金净值来确定申购价格。如果是在工作日当日下午 3 点后

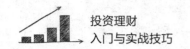

申购的基金，那么按照下一个正常工作日收盘后基金公司公布的基金净值来确定申购价格。

在办理开放式基金业务时，需准确提供相关资料，并认真填写相关的表格，如填写有误，申购申请有可能会被拒绝。此外，开放式基金在基金契约、招募说明书规定的情形出现时，会暂停或拒绝投资者的申购。

在基金认购期，基金份额需在基金合同生效后才能确认；在正常工作日，投资者提出申购后的 T+2（T 指申请日）个工作日可查询到申购确认的份额。如果是在银行柜台买的，可以去打印交割单，也可以直接到相应的基金公司网站上查询。

认购申购基金采用的是金额认购，一般最低限额是 1000 元。一般申购基金确认到账后即可要求赎回，但具体受理时间银行和基金公司是不同的。投资人可以要求基金公司将赎回款项直接汇入其在银行的户头，或以支票的形式寄给投资人。

2. 赎回

赎回，是指基金投资者向基金管理人卖出基金单位的行为。

在生活中，看到基金净值不断上涨，对一部分保守的投资者来说，虽然是一件乐事，但仍不如赎回基金"落袋为安"安全。不过如果把基金净值的增长完全看作自己的收益，而忘了赎回费用，那也是有问题的。举个例子，假如你准备赎回10000份基金，当天的赎回价格为1.2元，赎回费率为0.5%，那么需要扣除掉的赎回费就是 $1.2 \times 10000 \times 0.5\% = 60$ 元。值得一提的是，保本型基金的申购费虽然比较低，一般是 0～1.5%，但为了减少提前赎回的情况，它的赎回费可高达1.8%～2%。

同一投资者在每一开放日内允许多次赎回，也可以部分赎回。当然，一般来说，基金的风险性越小费用越低，持有时间越长费用越低，投资额度越大费用越低。各个基金都有规定，持有份额的最低数量，例如有的基金规定剩余份额不低于100份，否则在办理部分赎回时自动变为全部赎回。

收取赎回费的本意是限制投资者的任意赎回行为。为了应对赎回产生的现金支付压力，基金将承担一定的变现损失。如果不设置赎回费，频繁而任意地赎回将给留下来的基金持有人的利益带来不利影响。而目前我国的证券市场发展还不成熟，投资者理性不足，可能产生过度投机或挤兑行为，因此，设置一定的赎回费是对基金必要的保护。

基金买卖的手续费比较高，所以，如果每次市场行情下跌时投资者都选择赎回基金，等市场行情上涨的时候再申购的方式，这无疑会增大投资的成本。现在很多基金公司都为投资者提供了基金转换的业务，即在同一家基金公司旗下的不同基金之间进行转换，一般的做法是在高风险的股票型基金与低风险的债券型基金、货币市场基金之间进行相互转换。

投资者利用基金转换业务，可以用比较低的投资成本，规避股市波动带来的风险。通常来说，当股市行情不好时，将手中持有的股票型基金等风险高的投资品种，转换为货币市场基金等风险低的品种，能避免因股市下跌造成的损失；当市场行情转好时，再将手中持有的货币市场基金等低风险低收益品种转换成股票型基金或配置型基金，以便充分享受市场上扬带来的收益。

所以，投资者在选择基金时，也应该考虑该基金公司旗下的产品线是否齐全，是否可供市场波动时进行基金转换。另外，投资者需注意的是，不同的基金公司的基金转换业务收费方式不同，具体进行基金转换操作时，需咨询基金公司。

3. 转换

即投资者转换自己的基金配置。各家基金公司对不同基金之间转换的费用标准不一，但是总的来说，把申购费用低的基金转换成费用高的基金时都需要扣除一定的转换费用。比如在震荡行情下，将股票型基金转换成配置型基金以避风险或在高涨行情下将资金暂放货币型基金等待入市良机，即可有手续费的优惠，又可节约时间。因为货币型基金一般没有申购、赎回费，而转换当天就可以确认，解决了基金重新申购时间长、费用高的问题。

但是，要注意的是，不是所有基金都可以互相转换，一般来说，只有伞形基金（即同一合同下的三支以上的基金）之间肯定可以转换，其他基金的转换事项则需要向基金公司具体查询。

以上列出的认（申）购、赎回、基金转换等费用都是直接由投资者来负担的"显性"费用，事实上在基金的投资中还有一些"隐性"费用，如管理费、托管费等，货币市场基金和短债基金还要收取一定比例的营销费用。它们虽然不是直接向投资者收取的，却是从基金的总资产中扣除掉，并体现在基金的净值中。因此这些费率的高低，也会对投资者产生一定的影响。

投资基金不可忽视风险

在股市低迷的情况下，对一般人的理财，建议低配股票，高配债券、保本型理财产品类资产。对一些追求较高收益的投资者，可以选择保本型基金、基金定投。而对保本型的投资者来说，债券型基金仍是可以考虑的品种。

基金的优点在于规模经营、专家理财、风险分散，能够更好地对证券市场进行全方位的动态跟踪与分析。一般中小投资者由于资金量小，无法通过购买不同的股票分散投资风险。基金通常会购买几十种甚至上百种股票，其中某些股票下跌造成的损失可以用其他股票上涨的盈利来弥补，因此可以享受到组合投资、分散理财的好处。但是这并不意味着基金就是无风险的金融工具。任何一种投资都会存在风险，基金不仅存在风险，而且还具有自身的特点。

　　基金风险是指在一定的条件和一定的时期内，由于各种因素的影响，基金受益的不确定性造成基金资产损失，或基金持有人利益不能得到保护的可能性及损失的大小。

　　历史告诉我们，没有只涨不跌的股票市场，也没有只赚不赔的基金产品。认识到基金的风险，投资者就要采取必要的措施以减少风险。因此，对于投资者来说，在投资基金的同时既要明了基金是有风险的，同时也要加强自身基金理财知识储备，做一个理性的基金投资者。

　　市场上的基金有很多不同的类型。而同类基金中各只基金也有不同的投资对象、投资策略等。在选择基金时，需要注意浏览各种报纸、销售网点公告或基金管理公司的信息，了解基金的收益、费用和风险特征，判断某种基金是否切合你的投资目标。

　　因此，投资基金需要选择，选择适合自己的基金，提高自己的收益，反之收益则不会太理想。

　　（1）市场环境。有市场才有机会，在经济周期波动中，必然也会导致理财产品的上下波动。市场下跌无疑会带来风险，而市场过热往往预示着风险的来临。而且，基金市场价格因经济因素、政治因素等各种因素的影响而产生波动时，将导致基金收益水平和净值发生变化，从而给基金投资者带来风险。

　　（2）基金公司是否值得信赖。一家好的基金公司一定会以客户的利益最大化为目标，其内部控制良好，管理体系比较完善。与此同时，基金经理人的素质和稳定性也很重要，其管理的资产规模大、创新能力强、产品线齐全、口碑好、业绩好的基金多。尤其强调一点：在基金排行中，前1/3梯队里名字出现最频繁的基金公司是上上之选。

　　（3）考察基金的历史业绩。注意基金以往业绩是值得参考的一方面内容。不过，在比较基金以往业绩时，不能单纯地看基金的回报率，还必须有相应的背景参照，如相关指数和投资于同类型证券的其他基金。

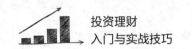
如果一只基金在经历过一轮牛市和熊市之后，业绩仍然能够比较稳定地增长的话，那么它的基金经理人的投资操盘能力应该是非常强的，而且具有一定的可信赖度。这样比较基金业绩是在考虑了风险的前提之下，这样的结果才是公允的比较，将有助于挑选出优秀的基金。

（4）基金规模。有句话说"僧多肉少"。一个市场上钱就这么多，规模越大越难赚，同时基金经理压力也大，他也怕亏损。所以规模在中等就可以了，像货币基金在300亿～600亿，股票型基金10亿～30亿适中。

（5）注意评级。专业的评级机构有很多，选三家足矣。按季度、半年、一年看一下评测报告，就能了解大概情况。一般在三星级中有潜力的基金最多。

（6）投资者所能承受的风险大小。风险除了来自市场和基金公司之外，更多的风险实际是来自购买基金的人本身。了解自己是投资的第一步。投资前，要对自己目前的经济状况、年龄、健康等有清醒的判断和认识，才能决定是否有能力承受投资在未来一段时间内可能出现的风险。如果个人条件较好的，可以选择一些风险收益偏高的股票型基金投资；如果相反，就要考虑以债券、货币和一些保守配置型的基金为主进行投资，以防止投资失败对生活造成大的影响。

（7）费用是否适当。营运费用包括管理费、托管费、证券交易费、其他费用等。一般规模较小的基金可能产生较高的营运费率，而规模相近的基金营运费率大致在同一水平上。对有申购费的基金而言，前端收费比后端收费长期来看对投资人有利。在境外，几只基金进行合并时有发生，但合并不应导致营运费用的上升。

（8）基金的投资期限是否与你的需求相符。一般来说，投资期限越长，投资者越不用担心基金价格的短期波动，从而可以选择投资更积极的基金品种。如果投资者的投资期限较短，应该尽量考虑一些风险较低的基金。

　　基于以上几点，投资者应根据基金的风险大小以及投资者自身的风险承受能力不同，把基金的业绩和风险与投资者的风险收益偏好特征相匹配。了解了基金投资的风险，就要想方设法防范这种风险，避免给自己造成投资的损失。

　　对于投资者来说，可以运用下面几种方法来规避基金投资的风险。

　　（1）进行试探性投资。是指投资者在把握不住时机，想投资却担心造成损失，不投资又怕坐失良机时，进行试探性投资不失为一种很好的方法。在实际操作中采用这种方法时，应先买进一部分基金以观察动态，然后再进行决策。进行试探性投资后，如果价格走势稳健，且有上涨的可能，便可以继续买进，如果价格趋势向下降，一般在降到一定程度后再进行买进，以降低平均购进成本。

　　新入市的投资者在基金投资中，常常把握不住最适当的买进时机。如果没有太大的获利把握时就将全部资金投入进去，有可能遭受惨重的损失。如果投资者先将少量资金作购买股票的投资试探，以此作为是否大量购买的依据，可以减少基金买进中的盲目性和失误率，使投资者在风险发生时不受太大的损失。

　　（2）通过组合投资分散风险。投资者宜进行基金的组合投资，避免因单只基金选择不当而造成较大的投资损失。其次，如果投资过分集中于某一只基金，就有可能在需要赎回时因为流动性问题无法及时变现。所以同类型的基金或者投资方向比较一致的基金最好不要重复购买，以免达不到分散风险的目的。投资者可以根据自己的实际情况选择两到三家基金公司旗下三只左右不同风险收益的产品进行组合投资，这也是常说的"不要将鸡蛋放在同一个篮子里"。当然，如果数量太多则会增加投资成本，降低预期收益。

　　（3）长期持有。巴菲特就曾经说过："市场对短期投资行为充满敌意，对长期滞留的人却很友好。世界上成功的投资大师，没有做短

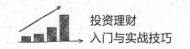
线交易的。"基金作为一种中长期的投资工具，追求的正是长期投资的收益和效果。长期持有也可以降低基金投资的风险，因为市场的大势是走高的。

（4）定期定额投资。基金定投也是降低投资风险的有效方法。目前，很多基金都开通了基金定投业务。投资者只需选择一只基金，向代销该基金的银行或券商提出申请，选择设定每月投资金额和扣款时间以及投资期限，办理完有关手续后就可以坐等基金公司自动划账。目前，很多基金都可以通过网上银行和基金公司的网上直销系统设置基金定投，使用起来也相当方便。

2012年，肖然大学毕业后和妻子选择留在北京工作，他在一家电脑公司工作，工资稳定，月入8000元，妻子每个月收入6000元，扣除刚性支出，肖然萌发了投资理财的想法，通过分析和研究，他们决定试试基金投资。

从2012年8月，肖然每月定投2000元购买了一只基金。随着收入的逐渐提高及对基金定投的熟悉，从2013年开始，肖然每月定投增加到5000元。当时市场形势很好，肖然审时度势把本金增至15万元，回报开始翻番。而且，他采取的都是红利再投资，从不赎回，到2014年底，他们的总资产就达到50多万了。

2015年中股市剧烈震荡，肖然的基金中除了20多万元债券和货币基金外，其余30多万元股票基金大幅缩水，甚至出现账面亏空。但肖然不为所动，他坚信市场后期一定会触底反弹，仍坚持每月拿出5000元投资基金。

2016年，肖然手中的基金果真小幅回调，股票基金也在缓慢回升中。

基金定投的最重要优点是起点低，成本平摊，风险低。不少基金一次性申购的起点金额为 5000 元，如果做基金定投，每月只需几百元，长期坚持会积少成多，使小钱变大钱，以应付未来对大额资金的需求。没有人能保证可以永远在低点买进，在高点卖出。因此定期定额的投资方式是最适合一般投资人的投资方法。长期下来，强制性定期定额投资可以使投资成本趋于市场平均水平，并获得市场长期上涨的平均收益。

此外，基金的手续费都不低，而且波动幅度比较小，这使短线获利的机会很少，因此定时定额最少五年，十年更好，如果能够达到二十年收益情况将会非常惊人。

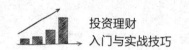

信托类产品：新形势下的新事物

> 目前，各家银行推出的信托类理财产品主要是银行与信托公司合作，将募集资金投资于信托公司推出的信托理财计划。信托类理财产品的收益可以是固定的，也可以是浮动的。

信托知识入门

信托起源于英国，是建立在信任的基础上，财产所有者出于某种特定目的或社会公共利益，委托他人管理和处置财产的一种法律制度。信托是一种理财方式，是一种特殊的财产管理制度和法律行为，又是一种金融制度。信托与银行、保险、证券一起构成了现代金融体系。

信托业务是一种以信用为基础的法律行为，一般涉及三方面当事人，即投入信用的委托人、受信于人的受托人，以及受益于人的受益人。信托业务是由委托人依照契约或遗嘱的规定，为自己或第三者（即受益人）的利益，将财产上的权利转给受托人（自然人或法人），受托人按规定条件和范围，占有、管理、使用信托财产，并处理其收益。

随着经济的不断发展和法律制度的进一步完善，我国于2001年出台了《中华人民共和国信托法》，其中第二条对信托的概念进行了完整的定义：信托，是指委托人基于对受托人的信任，将其财产权委托给受托人，由受托人按委托人的意愿以自己的名义，为受益人的利益或为特定目的，进行管理或者处分的行为。简单地说，信托就是"受人之托，代人理财"。

信托具有以下基本特征：

（1）信用是信托的基石，信托建立的前提是委托人对受托人的信任，包括两个意思：一是对受托人诚信的信任，二是对信托人承托能力的信任。

（2）信托成立的基础是信托财产及财产权的转移。简单来说，信托是以信托财产为中心的法律关系，设立信托就必须将财产权转移给受托人，这是信托制度与其他财产制度的根本区别。

财产权是指以财产的利益为标的的权利，包括物权、债权、知识产权，以及其他除身份权、名誉权、姓名权以外的无形财产权，都可以作为信托财产。

（3）信托关系有委托人、受托人、受益人三方，设立信托对三方的权力义务都有明确的规定：

委托人将财产委托给受托人后对信托财产就没有了直接控制权；

受托人完全是以自己的名义对信托财产进行管理处分；

受托人管理处分信托财产必须按委托人的意愿进行，这种意愿在信托合同中事先约定，是受托人管理处分信托财产的依据；

受托人管理处分信托财产必须是为了受益人的利益。

（4）信托是一种由他人进行财产管理、运用、处分的财产管理制度。

2. 信托的优越性

信托这种独特的制度设计使其能很好地平衡财产安全性与理财效率

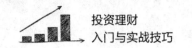

两者间的关系，在为委托人提供充分保护的同时，能方便受托人管理，因而使其在个人理财中具有其他金融理财工具无法比拟的优势，主要表现在以下几个方面：

（1）规模效益。信托将零散的资金巧妙地汇集起来，由专业投资机构运用于各种金融工具或实业投资，谋取资产的增值；信托财产的管理运用均是由相关行业的专家进行的，他们具有丰富的行业投资经验，掌握先进的理财技术，善于捕捉市场机会，为信托财产的增值提供了重要保证。同时，信托公司还可以根据客户的喜好和特性，度身定做标准产品，从而通过专家理财最大限度地满足委托人的要求。

（2）家族保障。信托可为家族财产提供保障，并保护资产不受侵害。例如，可以避免使家族资产落入那些心怀不轨的人手中，也可以避免使家族资产落入那些可能将家族财富挥霍殆尽的无能后嗣之手。

（3）继承安排。信托是安排财产继承的有效方法，让委托者可依照心愿，预先安排资产分配与各家庭成员、亲友、慈善团体及其他机构。在一些有继承限制的国家，信托可以帮助信托人弹性安排资产继承，使信托人的财富不用受到复杂冗长的遗嘱认证程序的影响，让信托人指定的受益人能尽快继承应得资产。

（4）绝对保密。由于信托人的资产已转移至受托人名下，大多数的法定管辖区域均无公开披露的规定，而且信托契约无须向任何政府机构登记，亦不公开供公众人士查询，因此受益人的个人数据及利益均绝对保密，直至信托终止为止。此外，信托通常可充当公司股东之用，更可进一步隐藏公司实际拥有人的身份。

（5）规避和分散风险的作用。在法律许可的情况下，成立信托可使信托人的资产获得长期保障。由于信托财产具有独立性，使信托财产在设立信托时没有法律瑕疵，在信托期内能够对抗第三方的诉讼，保证信托财产不受侵犯，从而使信托制度具有其他经济制度所不具备的风险规避作用。

（6）资产统筹及管理。信托可助信托人将分散的资产纳入同一个架构之下，简化资产管理及统一财务汇报。

（7）税务规划。成立信托可减轻甚至避免所得税、资本利得税、赠予税、财产税、遗产税等税务负担。

（8）灵活运用。信托契约中可保有适度的弹性（尤其是全权委托信托），以确保受托人随时为受益人谋求最佳的福利。

此外，信托是可以被撤销的，受托人可以辞职（或被撤换）；若基于政治或其他因素，信托设立及执行的地点可以移转至其他法定管辖区域；信托财产的行政管理及操作、分配可随时更改。契约中与信托人切身相关的条款常会受不同因素影响，其中包括信托人财产规划的目标、信托人所选择的信托法定管辖区域与居住国之法律，以及信托人所要求的信托灵活度等。

资金信托

从理论上讲，信托可以对资金、有价证券、动产、不动产、知识产权等各类财产和财产权进行管理、运用和处分，又可从事投资、贷款、出租、出售、同业拆放、项目融资、公司理财、财务顾问等多方面的业务。因此，信托是一种综合性的理财工具。

资金信托，又称金钱信托，是指委托人基于对信托投资公司的信任，将自己合法拥有的资金委托给信托投资公司，由信托投资公司按委托人的意愿，以自己的名义为受益人的利益或者特定目的的管理、运用处分的行为。按照委托人数目的不同，资金信托又分为单一资金信托和集合资金信托。信托公司接受单个委托人委托的即为单一资金

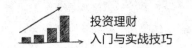
信托，接受两个或两个以上委托人委托的，则为集合资金信托。

1. 单一资金信托

也称为个别资金信托，是指信托公司接受单个委托人的资金委托，依据委托人确定的管理方式（指定用途），或由信托公司代为确定的管理方式（非指定用途），单独管理和运用货币资金的信托。单一资金信托是信托公司专门为高端客户提供的理财方式，这类产品的认购门槛较高，最低门槛在 100 万元。单一信托的委托人一般为单个拥有成熟心态且具有强势力量的个体。

单一资金信托的委托人具有不同的风险偏好和收益率要求，因此也就具有不同的期限要求，这些个体性问题都可以体现在不同的信托合同上，因此，单一资金信托合同的差异性特征非常明显。

单一资金信托在资金运用方式上也更为单一，贷款运用型所占比例更高，投资和交易性的比例更小。这主要是由于单一资金信托的委托人大多对资金运用对象有相当充分的了解，希望借助单一资金信托的通道借款给资金使用者。

在客户群的定位上，信托公司在沿着"靠大"的思路进行。有数据显示，目前信托公司集合资金信托计划的数量大量下降，而单一信托成为信托公司追捧的对象。

2. 集合资金信托

是指信托投资公司为了共同的信托目的，将不同委托人的资金集合在一起管理。按照接受委托的方式，集合资金信托业务又可分为两种：第一种是社会公众或者社会不特定人群作为委托人，以购买标准的、可流通的证券化合同作为委托方式，由受托人统一集合管理信托资金的业务；第二种是有风险识别能力，能自我保护并有一定的风险承受能力的特定人群或机构为委托人，以签订信托合同的方式作为委托方式，由受托人集合管理信托资金的业务。

集合资金信托按其信托计划的资金运用方向，可分为以下几种类型：

（1）证券投资信托，即受托人接受委托人的委托，将信托资金按照双方的约定，投资于证券市场的信托。可分为股票投资信托、债券投资信托和证券组合投资信托等。

（2）组合投资信托，即根据委托人的风险偏好，将债券、股票、基金、贷款、实业投资等金融工具，通过个性化的组合配比运作，对信托财产进行管理，使其有效增值。

（3）房地产投资信托，即受托人接受委托人的委托，将信托资金按照双方的约定，投资于房地产或房地产抵押贷款的信托。中小投资者通过房地产投资信托，可以较小的资金投入间接获得大规模房地产投资的利益。

（4）基础建设投资信托，是指信托公司作为受托人，根据拟投资基础设施项目的资金需要状况，在适当时期向社会（委托人）公开发行基础设施投资信托权证募集信托资金，并由受托人将信托资金按经批准的信托方案和国家有关规定投资于基础设施项目的一种资金信托。

（5）贷款信托，即受托人接受委托人的委托，将委托人存入的资金，按信托计划中或其指定的对象、用途、期限、利率与金额等发放贷款，并负责到期收回贷款本息的一项金融业务。

（6）风险投资信托，是受托人接受委托人的委托，将委托人的资金按照双方的约定，以高科技产业为投资对象，以追求长期收益为投资目标所进行的一种直接投资方式。

与其他理财工具相比，集合资金信托是唯一获准能够跨越货币市场、资本市场和产业市场的金融产品，可采用贷款、投资、同业拆借、融资租赁等多种形式进行运用，投资渠道广泛，投资手段灵活，具有其他理财产品无法比拟的优势，因此不少投资者十分热衷。但也有投资者反映，由于集合资金信托品种较多，购买时不仅需要了解信托公司的情

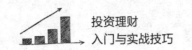
况，还要了解项目情况、风险揭示及风险防范，烦琐的程序让他们对信托理财望而却步。

其实，任何一种投资行为都需要理性地分析。全面地了解投资产品有助于投资者有效防范和控制投资风险的出现。

财产信托

财产信托，是指委托人将自己的动产、不动产（房产、地产）以及版权、知识产权等非货币形式的财产、财产权，委托给信托公司按照约定的条件和目的进行管理或者处分的行为。

这里的财产，是指拥有的金钱、物资、房屋、土地等物质财富。大体上，财产有三种，即动产、不动产和知识产权。财产信托属于资产证券化的衍生金融产品。其收益来源于信托财产本身。投资者购买财产信托产品时，由于信托财产可见，所以信托财产产生的信托收益也真实可见，从而避免赖以产生信托收益的财产形成过程中的风险。

按照信托财产的标的物不同，财产信托可分为动产信托、不动产信托和知识产权信托。

（1）动产信托，是指公司接受动产的制造商或销售商的委托，将动产出售于特定的或者非特定的购买人，或在出售前出租给购买人而设立的信托。动产信托的主要品种有交通工具信托（如火车、飞机、轮船等）和机械设备信托。

（2）不动产信托，是指公司接受拥有不动产所有权或使用权企业、单位和个人的委托，开展的以房地产、土地使用权及其他不动产的管理、开发、投资、转让、销售为主要内容的信托业务。不动产信托的主要品种有房地产信托、土地使用权信托和其他不动产信托。

（3）知识产权信托，是指公司接受商标权、专利权、版权及其他知识产权的所有人的委托，将这些财产权加以管理和运用的信托业务。

财产信托中一般设置优先信托权益和剩余（或次级）信托权益，并作为控制风险的一种方式，投资者所持有的是从已存在的大额资产中优先受益的权利。而且财产信托产品没有份额的限制，投资起点较低，一般为5万元，符合各类投资者的购买能力。

财产信托是理财节税的优良工具，能够帮助投资者节省一定税额。财产所有人避税最理想的方式是成立信托，通过信托的设立，信托财产不受信托人死亡的影响，并可在合法渠道下节省可观的费用。如美国、英国、加拿大、中国香港、中国台湾等很多国家和地区，遗产的转移均需征收遗产税，并需在财产移转前付清，税率一般高达50%左右。所以财产信托通常被视为合理节税的一个重要渠道。

由于目前国内没有征收遗产税和赠予税，财产信托的合理节税主要是一种税务成本的比较。通过增值税和营业税的差额，以及所得税的部分转移等手段，是可以合理节省税费的。

财产信托在获得信托权益之时，将个人财产委托给信托公司，根据各个信托机构的不同，可以将财产增值税不同程度地转移给信托机构，形成信托机构的营业税，节省的税额是财产增值税与信托机构的营业税之差。

同时，在财产信托期满变现或信托凭证转让时，获得的收益需缴纳所得税，一般也少于个人直接进行投资所获收益需缴纳的所得税。

现实中，财产信托产品风险低，投资收益更有保障，投资金额门槛也不高，更符合多数投资者的投资需求。在选择财产信托产品时，重要的是控制投资风险。投资者可以通过以下几个方面识别和选择财产信托产品：

（1）应学会识别信托财产的质量。财产信托收益来源于信托财产本身，高质量的信托财产应是变现能力较强的财产。一类为财产，如房地产、作为造纸原料的林木等；另一类是财产收益权，如银行信贷资产、高速公路的收费、融资租赁收入等。高质量的信托财产是信托期满前信托权益变现的重要保证，信托财产质量越高，风险越小。

（2）识别信托相关方的资信水平。一般而言，绩优股的上市公司、经营业绩较好的大型企业集团、商业银行等均具有较好的资信水平，相关方的资信越好，风险越小。

（3）明确优先及剩余信托权益的配比关系。优先信托权益在整个信托权益中占的比例越低，风险越小。

（4）要注意听取专业机构的意见。投资者一般可参照专业的中介机构（如律师事务所、评估机构、会计师事务所）的专业意见。一般大型或有名的中介机构较注重从业声誉，出具的专业意见较为公允，参考价值比较大。

信托理财风险规避

信托理财产品与其他产品在相关法律上的规定也更加安全可靠，主要表现在以下几个方面：

《信托法》第十六条规定，信托财产不得归入受托人（信托公司）的固有财产或者成为固有财产的一部分，受托人依法解散、被依法撤销、被宣告破产而终止，信托财产不属于其清算财产。

《信托法》第十八条规定，受托人管理运用、处分信托财产所产生的债权，不得与其固有财产产生的债务相抵消。受托人管理运用、处分不同委托人的信托财产所产生的债权债务，不得相互抵消。

《信托法》第十五条规定，信托财产与委托人未设立信托的其他财产相区别。设立信托后，委托人死亡或者依法解散、被依法撤销、被宣告破产时，委托人是唯一受益人的，信托终止，信托财产作为其遗产或者清算财产；委托人不是唯一受益人的，信托存续，信托财产不作为其遗产或者清算财产；但作为共同受益人的委托人死亡或者依法解散、被依法撤销、被宣告破产时，其信托受益权作为其遗产或者清算财产。

《信托法》第十七条规定，除因下列情形之一外，对信托财产不得强制执行。

（一）设立信托前债权人已对该信托财产享有优先受偿的权利，并依法行使该权利的；

（二）受托人处理信托事务所产生债务，债权人要求清偿该债务的；

（三）信托财产本身应担负的税款；

（四）法律规定的其他情形。

对于违反前款规定而强制执行信托财产，委托人、受托人或者受益人有权向人民法院提出异议。

当然，信托与其他金融理财产品一样，都具有风险。对投资者来说，在购买信托产品时，应该了解信托的基本知识，强化风险意识。通常做好以下几点，信托风险大都可以规避。

1. 考虑自身风险承受能力

信托公司在办理资金信托时，不得承诺资金不受损失，也不得承诺信托资金的最低收益。所以，投资者在面对琳琅满目的资金信托产品（计划）时，应保持清醒的头脑，根据自己的风险承受能力有选择地进行投资。

从投向来讲，房地产、股票市场，风险略高，收益也相对略高一些；而能源、电力等项目比较稳定，现金流量明确，安全性好但收益相对较低。不同投资者应该购买不同风险收益特征的信托产品。对于养老资金或者是为今后子女教育筹备的长期资金等，建议购买低风

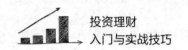
险、适中收益的信托产品，如城市基础建设信托等；对于愿担风险的年轻投资者而言，建议关注房地产、证券市场投向的信托产品，一般会有较高的回报。

2. 选择好的信托公司

信托公司按照实际经营成果向投资者分配信托收益，信托理财风险体现在预期收益与实际收益的差异。投资者既可能获取丰厚收益，但也可能使本金亏损。

产生风险有两大类原因：第一，信托公司已经尽责，但项目发生非预期变化，如利率变动、销售失败、履约人无力履约、债务人破产、政策法规改变等；第二，信托公司消极懈怠，或违法违规操作。所以投资者在考虑某信托产品是否值得投资时，很重要一点就是要看它是哪家公司推出的，要选择资金实力强、诚信度高、资产状况良好、人员素质高和历史业绩好的信托公司进行委托。

因此，委托人在行使投资信托产品决策权的时候，既要详细阅读信托产品的相关材料，以便充分了解信托资金运用的有关情况，也应具有承担信托风险的能力。

3. 选择好的信托项目

目前市场上推出的信托产品大多为集合资金信托计划，即事先确定信托资金的具体投向。选择信托时要看投资项目的好坏，如项目所处的行业、项目运作过程中现金流是否稳定可靠、项目投产后是否有广阔的市场前景和销路。这些都隐含着项目的成功率，关系着投资者投资的本金及收益是否能够到期按时偿还。对于信托公司推出的具有明确资金投向的信托理财品种，投资者可以进行分析。

有的信托公司发行了一些泛指类信托理财品种，没有明确告知具体的项目名称、最终资金使用人、资金运用方式等必要信息，只是笼统介绍资金大概的投向领域、范围。因此，不能确定这些产品的风险范围及其大小，也看不到具体的风险控制手段，投资者获得的信息残缺不全，无法进行独立判断。对这类产品，投资者需要谨慎对待。

4. 考虑信托产品的期限

资金信托产品期限至少在 1 年以上：一般而言，期限越长，不确定因素越多，如政策的改变、市场的变化，都会对信托投资项目的收益产生影响。另外，与市场上其他投资品种相比，资金信托产品的流动性比较差，这也是投资者需要注意的。

5. 考虑投资质押、担保问题

对有担保的信托计划，委托人（也就是投资者）还要看担保的主体是否合法，切实了解担保方的经营状况。

土地、房地产抵押在信托设计中很常见，也是认可度最高的风险控制措施。但为了确保抵押物清偿的执行力度，投资者有必要调查所抵押土地、房产的市场价格，然后赋予实际价格一定的折扣（即抵押率），使得即使土地、房产市场价格出现较大下跌，以当时的市场价仍能轻松处置抵押物，且处置抵押物的价值足以补偿投资者本息。需要注意的是，委托人不能只看担保方的资产规模的大小，其合适的资产负债比例、良好的利润率、稳定的现金流和企业的可持续发展，才是重要的考虑因素。

此外常见的还有质押，比较普遍的是以股权作为质押物，此时投资者需重点考察质押股权的市场价值。通常上市公司流通股的股权质押率在 50% 左右，上市公司非限售股的质押率比流通股的质押率低 5% ~ 10%。

担保通常是交易对手之外的第三方担保。根据担保法对信用担保的约定，连带责任担保比一般担保对担保人具有更大的约束力，也对投资者有更大的偿付责任，投资者要注意区分担保的方式。

对于担保中的抵押（质押）物是否过硬，抵押（质押）比率是否安全，担保方信用级别和资金实力如何，有无保险介入，专项赔偿基金是

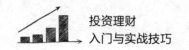
否充足以及受益权当中次级受益权的规模和承担的义务情况等，也要特别关注。

要考虑到万一信托项目出现到期兑付困难时，原先预设的担保措施能否及时有效地补偿信托本息。

6. 及时行使委托人的权利

根据我国《信托法》第20条的规定，委托人（投资者）有权了解其信托财产的管理运用、处分及收支情况，并有权要求受托人做出说明。委托人有权查阅、抄录或者复制与其信托财产有关的信托账目以及处理信托事务的其他文件。

同时，第22条还规定，受托人违反信托目的处分信托财产或者因违背管理职责、处理信托事务不当致使信托财产受到损失的，委托人有权申请人民法院撤销该处分行为，并有权要求受托人恢复信托财产的原状或者予以赔偿；该信托财产的受让人明知是违反信托目的而接受该财产的，应当予以返还或者予以赔偿。

另外，第23条规定，受托人违反信托目的处分信托财产或者管理运用、处分信托财产有重大过失的，委托人有权依照信托文件的规定解任受托人，或者申请人民法院解任受托人。因此，充分利用法律赋予委托人的这些权利可以更加主动地控制信托投资的风险。

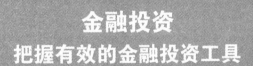

金融投资
把握有效的金融投资工具

金融投资是现代投资概念的重要组成部分，随着现代
金融市场的日益发展和不断完善，金融投资的重要性日益
凸显，因此，现代投资概念主要是指金融投资。

储蓄：理财从储蓄开始

把钱存进银行是一种相对保守的理财方式，虽然它不会给人带来一夜暴富的惊喜，但是却最安全。

把钱存银行也没那么简单

大银行家摩根曾经说过："我宁愿贷款 100 万给一个品质良好，且已经养成存钱习惯的人，也不愿贷款 1 美元给一个品德差而花钱大手大脚的人。"的确，存钱能够提高一个人应付危机的能力，也能在机会突然到来时增加成功的机会。可见，储蓄对我们的人生非常重要，下面我们就来谈谈储蓄的那些事儿。

储蓄，是指城乡居民将暂时不用或结余的货币收入存入银行或其他金融机构的一种存款活动，又称储蓄存款。储蓄具有明显的保值性和收益性，储蓄利率的高低，直接影响着储蓄的收益水平。目前银行的储蓄种类一般分为活期储蓄和定期储蓄两类。活期储蓄适用于生活待用款项，利率较高，计划性较强；定期储蓄适用于余款存储，积累

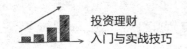

性较强。

1. 活期储蓄

活期储蓄，指不约定存期，客户可随时存取，存取金额不限的一种储蓄方式。活期储蓄是银行开办的比较早的储种之一，源于个人生活待用款和闲置现金款，以及商业运营周转资金的存储。活期储蓄是银行最基本、最常用的存款方式，客户可随时存取款，自由、灵活调动资金，是客户进行各项理财活动的基础。

活期储蓄以 1 元为起存点，外币活期储蓄起存金额为不得低于 20 元或 100 元人民币的等值外币（各银行不尽相同），多存不限。开户时由银行发给存折，凭折存取，每年结算一次利息。

（1）活期存折储蓄存款。是 1 元起存，由储蓄机构发给存折，凭存折存取，开户后可以随时存取的一种储蓄方式。生活中，银行开办、代发工资的业务后，一般将职工工资转入活期存折储蓄。

（2）活期支票储蓄存款。是以个人信用为保证，通过活期支票可以在储蓄机构开到的支票账户中支取款项的一种活期储蓄，一般 5000 元起存，也是一种传统的活期储蓄方式。

（3）定活两便储蓄存款。由储蓄机构发给存单（折），一般50元起存，存单（折）分记名、不记名两种，存折须记名，记名式可挂失，不记名式不挂失。计息方法统一按储蓄管理条例规定执行。

老王退休多年，身体一直不好，手上有 6 万元左右的现金。看了电视上的理财节目，老王自己也琢磨不应该就那么简单地把钱放在活期存款里了。他把 6 万元分成 1 万元活期、2 万元 3 个月定期和 3 万元 6 个月定期，既可以随时取用，又能尽最大限度享受利息收益。

活期、3 个月和 6 个月定存的利率分别是 0.36%、1.71%、1.98%，6 个月的收益为 $10000 \times 0.36\%/2 + 20000 \times 1.71\%/12 \times 3 + （20000 + 20000 \times 1.71\%/12 \times$

3）×1.71%/12×3+30000×1.98%/2=486元！

开始理财之前的分析与研究十分重要，理财绝不能盲目跟进，而应该"只选对的，不选贵的"，虽然目前理财产品五花八门，但只有适合自己的才能达到增值的效果。

2. 定期储蓄

定期储蓄，是在存款时约定存储时间，一次或按期分次（在约定存期）存入本金，整笔或分期平均支取本金利息的一种储蓄。它的积蓄性较高，是一项比较稳定的信贷资金来源。定期储蓄50元起存，多存不限。存期分为三个月、半年、一年、二年、三年、五年。

定期储蓄的开户起点、存期长短、存取时间和次数、利率高低等均因储蓄种类不同而有所区别。定期储蓄主要有以下几种：

（1）整存整取定期存款，是指储户需要事先约定存期，整笔数额存入，到期一次性支取本息的一种储蓄。50元起存，多存不限。存期有三个月、六个月、一年、二年、三年和五年期几档。开户手续和活期存款相同，但整存整取定期存款银行给储户的取款凭证是存单。此外，储户提前支取时必须提供身份证件，代他人支取的不仅要提供存款人的身份证件，还要提供代取人的身份证件。值得注意的是，该储种只能进行一次部分提前支取。计息按存入时的约定利率计算，利随本清。

（2）零存整取定期存款，是一种每月按约定数量的款项存储，按约定时间一次性提取本息的定期储蓄。零存整取定期储蓄比较适合工薪族的日常理财，每月有计划地存一些钱，达到一定数额后再购买高档消费品。零存整取有一年、三年、五年期三档，5元即可起存，其利息计算方法与整存整取定期储蓄存款计息方法一致。值得注意的是，零存整取定期存款中途如有漏存，应在次月补齐，未补存者，到期支取时按实存金额和实际存期，以支取日人民银行公告的活期利率计算利息。

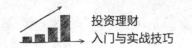

（3）存本取息定期存款，是指存款本金一次性存入，约定存期及取息期，至到期日一次性支取本金，分期支取利息的业务。存本取息定期存款有一年、三年、五年期三档。存本取息定期存款5000元起存，取息日由客户开户时约定，可以一个月或几个月取息一次，取息日未到不得提前支取利息，取息日未取息，以后可随时取息，但不计复息。

乔安山和老伴是一对普通退休职工，和大部分家庭一样，为帮助儿子结婚买房花掉了他们大部分积蓄。为了筹划自己日后的养老问题，他开始对手上的8万元精打细算起来。因为老伴身体不太好，资金使用必须灵活，为了解决这一难题，他求助于理财专家，专家向他推荐了"存本存息"，这是一种使定期"存本取息"效果达到最好，且与"零存整取"储蓄结合使用，从而产生"利滚利"效果的储蓄方法。

乔安山听从专家的建议，将8万元存入7天通知存款的存折A中，每个月他都会取出利息，并将利息存入零存整取的存折B中，以后每个月都做一次存取，这样，不仅本金部分得到了利息，产生的利息还能继续获得收益，而且现金支取灵活，不受限制。

这样，以本金为8万元，7天通知存款利率为1.35%，一个月之后，可获得收益为80000×1.35%/360×7×4=84元。零存整取一年期1.71%的利率，每月取出来的84元利息，在一年后将会获得本息为84×12×1.0171=1025.24元。

而如果将8万元全部放在活期账户，存款利率为0.36%，则每年的利息为80000×0.36%=288元，这两种储蓄方法之间的利息差异，竟然达到了1025.24−288=737.24元！

上面的案例，既可满足退休老人随时支取现金的便利，又可实现储蓄收益的最大化，可谓一举两得。

（4）通知存款，是一种不约定存期，支取时需提前通知银行，约定支取日期和金额方能支取的存款。人民币通知存款最低起存金额为5万元，单位最低起存金额为50万元，个人最低支取金额为5万元，单位最低支取金额为10万元。外币最低起存金额为1000美元等值外币。通知存款不论实际存期多长，按存款人提前通知的期限长短划分为一天通知存款和七天通知存款两个品种。一天通知存款必须提前一天通知约定支取存款，七天通知存款则必须提前七天通知约定支取存款。

张昊准备了13万元购车资金准备去专卖店提车，但让张昊始料不及的是，销售员说他看中的那款车型目前全市缺货，需在交付保证金以后，才能在一个月左右的时间内提车。

在这种情况之下，张昊也不能让自己十几万元的资金就这样放在活期账户里，因此，他想办一个月的定存，但又担心车子提前到货，丧失定存的意义。银行工作人员建议他办理满5万元就自动设置为7天通知的存款。这种存款无须提前7天通知银行，银行的系统会自动记录余额，如果办理了"智能通知存款"，连续7天以上余额都超过了5万元（含5万元），还能全额按照7天通知存款的利率计息，若不足7天则按1天通知存款的利率计息。假设张昊35天后取车付款，存活期的利息为130000×0.36%/365×35=44.9元，7天通知存款利息收入为33.66×35/7=168.3元。这样算来，这种存款的收益率是前者的4倍！

在这个案例中，张昊对时间的把握非常值得我们学习。

（5）教育储蓄，是一种特殊的零存整取定期储蓄存款，是指个人按国家有关规定在指定银行开户，存入规定数额资金，用于教育的专项储蓄，是一种专门为学生支付非义务教育所需教育金的专项储蓄，享受优惠利率，更可获取额度内利息免税。教育储蓄采用实名制，开

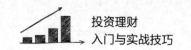

户时需持本人（学生）户口簿或身份证，到银行以储户本人（学生）的姓名开立存款账户。到期支取时，储户需凭存折及有关证明一次性支取本息。50元起存，本金合计最高限额为2万元。存期分一年、三年、六年期三档。

以上列举的存储方式，有的适合长期储蓄，有的适合短期计划。不同的存储方式适合的人群也不相同。如果想通过储蓄来积累财富，那么在此之前就要选择适合自己的存储类型，在存储之前不妨先对这些储蓄类型及其他相关知识进行一番详细的了解。实际上，如何通过储蓄获得最大的利益，有不少窍门。

（1）少存活期。同样存钱，存期越长，利率越高，所得的利息就越多。

（2）到期支取。储蓄条例规定，定期存款提前支取，只按活期利率计息，逾期部分也只按活期计息。有些特殊储蓄种类（如凭证式国库券），逾期则不计付利息。因此，存款到期，就要取出或办理转存手续。如果存单即将到期，又马上需要用钱，可以用未到期的定期存单去银行办理抵押贷款，以解燃眉之急。待存单一到期，即可还清贷款。

（3）滚动存取。可以将自己的储蓄资金分成12等份，每月都存成一个一年期定期，或者将每月的余钱不管数量多少都存成一年定期。这样一年下来就会形成这样一种情况：每月都有一笔定期存款到期，可供支取使用。如果不需要，又可将本金以及当月余款一起再这样存。如此，既可以满足家里开支的需要，又可以享有定期储蓄的高息。

（4）存本存利。将存本取息与零存整取相结合，通过利滚利达到增值的最大化。比如，可将本金存一个5年期存本取息，然后再开一个5年期零存整取户头，将每月得到的利息存入。

（5）细择外币。由于外币的存款利率和该货币本国的利率有一定关系，所以有时某些外币的存款利率也会高于人民币。储蓄时应随时关注市场行情，适时购买。

存款技巧面面观

在正利率时代，虽然还有许多其他的投资理财途径和选择，但是在生活中真正擅长和精通其他理财方式的人毕竟还是少数，把钱存入银行，还是很多人的第一选择。

对大多数人而言，财富的积累都是首先从储蓄开始的。储蓄之道如同聚沙成塔、集腋成裘，是一个积少成多的过程。在今天这个消费膨胀的社会，信用卡使用过度的现象比比皆是，多少人成了"负翁"。而储蓄是在帮普通人成为富翁，为日后的投资奠定基础。

芳芳刚参加工作，吃住在家，每月工资4000元，除了会偶尔买一些家庭用品外，是典型的月光族。后来她根据妈妈的建议，每月拿出900元存3个月的定期。从第四个月开始，她每个月都有一个存款是到期的。如果她不提取就办理自动转存业务……这样芳芳总算是摆脱了月光族的烦恼。

储蓄是一种最普通和最常用的理财工具，几乎每个家庭都在使用，我们要利用储蓄的方法获得较高的收益。不同家庭的财务状况各不相同，选择储蓄的方式也不相同，但只要根据自己家庭的实际需求进行合理配置，储蓄也能为你的家庭收获一份财富。当然，钱必定是用来花的，所以应根据每个家庭收入和消费结构等安排一定的存款比例。对于一般人而言，存钱的原则是：以定期为主，通知存款为辅，少量的活期储蓄和定活两便。

我们来看下面的案例：

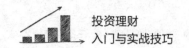

老王由于生意上资金的周转比较频繁，因此他手上一有富余的资金就会将那部分资金化整为零，拆分成若干份，按照事先设定的不同的到期日存进银行。这样既可以保证资金的流动性，同时又能获得比活期更高的利息。

老王还办理了自动转存服务，避免了存款到期后不能及时转存损失的利息。其实老王的这种做法等于是将定期当活期用了，这样不但使自己的存款能够享受几倍于活期利率的定期利率，还兼顾了自己做生意的灵活周转需要，可谓一举两得。

存储看似很简单，但你真的会存款吗？怎么存钱利息最多？怎么存款提供的流动性最大？不要以为在银行存储很容易，其实这里面大有技巧。那么，如何利用好不同的储蓄方法，从而得到更多的储蓄"实惠"呢？

（1）改变储蓄习惯。花钱很痛快，而存钱却是痛苦的。所以，可以用强迫储蓄的方式，将一部分资金先存储起来，或者把自己手中富余的现金存成定期，只留够基本生活需要的现金就可以了。

（2）合理选择储蓄种类、存期。很多人认为储蓄存单越少越方便管理，在做储蓄时喜欢把存款存成大存单。其实，这种做法不利于理财，当有急事需要用钱时，就算再小的金额也需要动用大存单，这样就会损失了应得的利息。对此，要提前做出合理的安排。

1. 金字塔储蓄法

是指把一笔资金按照由少到多的方式拆分成几份，分别存入银行定期，当有小额资金需求时，仅把小份额的定存取出，从而不影响大份额的资金利息收入。比如，1万元的资金，分成4000元、3000元、2000元和1000元四笔，分别做一年期定期存款，假如在一年未到期时，需要急用部分资金，利息损失才会降到最低。

2. 七天通知存款

七天通知存款是一种介于活期存款和定期存款之间的存款业务，存款收益远高于活期存款，但比一年定期存款的利息稍低一些，起存金额一般要求在5万元以上。用户可以选择每七天自动循环的通知存款，即从存款日起，开始按七天通知存款计息，七天到期后，结息一次，然后"本金+利息"自动存入下一期七天通知存款。因此，对于一笔不能确定用途和用时的"活钱"，储户可利用"七天通知存款"来提高利息收益。提取存款需提前七天通知银行，最后一期存款不足七天的，也只有最后这一期按活期利率计息。

3. 十二存单法

是指每月将一笔钱以定期一年的方式存入银行，坚持十二个月，从次年第一个月开始，每个月都会获得相应的定期收入。采用十二存单法，不仅能获得远高于活期存款的利息，同时存单从次年开始每月都有一笔到期，在急需用钱时，就可以将当月到期的存单兑现。因此，十二存单法同时具备了灵活存取和高额回报的两大优势。

当然，如果有更好的耐性，还可以尝试"24存单法""36存单法"，原理与"12存单法"完全相同，不过每张存单的周期变成了两（三）年。当然这样做的好处是，能得到每张存单两（三）年定期的存款利率，这样可以获得较多的利息，但也可能在没完成一个存款周期时出现资金周转困难，这需要根据自己的资金状况进行调整。

4. 五张存单法

这种储蓄方法跟十二存单法类似，是指将一笔现金分成五份，一份做一年定期、两份做两年定期、一份做三年定期、一份五年定期。等到一年后，一年期定存到期，将其本息取出存成五年期定存；两年后，两份两年期定存到期，一份续存两年定期，一份将本息取出存成五年期定存；三年后，三年定存到期，将本息取出存成五年定期；四年后，那份

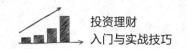

续存的两年定期也到期，将其本息取出存成五年定期。

这样一来，手上就会有五张五年期定存，且每年都会有一张到期，从而最大限度地赚到银行利息。

5. 阶梯储蓄法

是一种分开储蓄的理财方法，操作方式是将总储蓄资金，分成若干份，分别存成一年、三年、五年的定期。举例说明：假设有6万元，分别分成1万、2万和3万三份。分别存成一年、两年、三年的定期存款。当一年的存款到期，转存成三年。两年的到期，一样转成三年。这样两年以后6万元分成三份的资金就都是三年的定期存款。而实际上，资金却是相隔一年的。因为每年都会有一笔资金到期。这样用一年流动性，拿三年的利息。这就是阶梯储蓄法。这种方式适用于加息周期中。转存既不会造成利息损失，还能在转存后享受新的利率政策。阶梯存储法与12存单法配合使用，尤其适合年终奖金或其他单项大笔收入的存款方式。

6. 利滚利储蓄法

要使存本取息定期储蓄生息效果最好，就得与零存整取储种结合使用，产生"利滚利"的效果，这就是利滚利存储法，又称"驴打滚存储法"。如果你有一笔额度较大的闲置资金，可采取存本取息的方法，在一个月后，取出这笔存款第一个月的利息，然后再开设一个整存整取的储蓄账户，把取出来的利息存到里面，以后每个月固定把第一个账户中产生的利息取出存入整存整取账户，这样就获得了二次利息。

虽然这种方法能获得比较高的存款利息，但很多人以前不大愿意采用，因为这要求大家经常跑银行。不过现在很多银行都有"自动转息"业务，市民可事先与银行约定"自动转息"业务，免除每月跑银行存取的麻烦。利滚利储蓄法，能尽可能让每一分钱都滚动起来，包括利息在内，只要长期坚持，便会带来丰厚回报。

7. 定期存款提前支取的选择

如果储户的定期存款尚未到期，但急需用款，一般情况下，如果没有其他资金来源，储户有两种选择，即提前支取定期存款或以定期存单向银行申请质押贷款。

按照中国人民银行的规定，定期存款提前支取时，将按照支取日的活期存款利率计算，这样，储户要蒙受一定的利息损失。如果这种损失超过了向银行做质押借款的利息支出，储户可以用定期存单作质押品，向银行申请短期质押贷款，否则宜提前支取。

8. 工资卡里的钱也别闲着

工资卡里的钱都是活期存款，低利息收益相当于让活期存款在工资卡里睡大觉，办理工资卡的约定转存业务，就可以轻松得到定期利息收益。

如，你现在工资卡里有 1.1 万元的储蓄存款，以目前活期存款利率为 0.3%，一年期为 1.5% 计算，全部以活期存在银行里，一年下来利息为 11000×0.3%=33 元。而如果选择约定转存，1000 元存活期，超过部分存一年定期，则一年下来利息为 11000×0.3%+10000×1.5%=183 元。两者相差 5 倍多。

9. 存款到期要及时支取

我国储蓄管理条例规定，定期储蓄存款到期不支取，逾期部分全部按当日挂牌公告的活期储蓄利率计算利息。因此，个人存单要经常看看，一旦发现定期存单到期就赶快到银行支取，以免损失利息。

储蓄风险，不得不防

钱放在银行里是有利息的，有了本金就可以获得一部分利息收入，这是很多人的投资方式。但理财专家认为安全不等于就没有风险。对

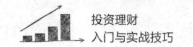
于储蓄风险而言，多是指不能获得预期的储蓄利息收入，或由于通货膨胀而引起的储蓄本金的损失。

在财经新闻里经常播报日本央行、欧洲央行实施负利率，钱存在银行里只会越来越少，其实，在我国把钱存在银行，也会越不来越不值钱！这是因为日本和欧洲央行实施存款利率为负值的货币政策，而在我国目前通货膨胀率高于银行存款利率，这导致存款贬值——这事实上就是实际负利率。

通货膨胀率怎么衡量？主要的衡量指标就是CPI（居民消费价格指数的简称，也是衡量通胀率的关键指标之一）。2016年5月CPI同比上涨2.0%，这表明我们的生活成本比2015年5月上涨了2.0%，原先100块的东西现在要多花2块才能买到。反观银行活期存款利率，只有0.35%，即使是1年定期存款的基准利率也仅为1.5%，根本就跑不过CPI。所以把钱放在银行里，只会越来越不值钱。

而且，随着2005年我国的国家银行完全变成了股份银行后，老百姓在股份银行的存款的安全系数就不再是100%了，而是各存款人要与股份银行共担经营亏损甚至导致股份银行破产倒闭的风险。当然，股份制后的银行存款利率肯定比国有性质时期的国有银行的存款利率要高，但是必须为此承担更大的风险，当然也有自主权选择其他投资渠道。

随着银行市场化的深入发展，国务院公布的存款保险条例已于2015年5月1日施行，条例规定，存款保险实行限额赔偿，最高偿付限额为人民币50万。也就是说只有存款在50万以内的才可以得到全额赔付，超过50万的最多也只能赔50万。所以，现在把钱放银行也不能保证100%的安全了。

那么，钱放在外资银行就安全吗？答案恰恰相反，试想一个外资银行千里迢迢来到中国做金融生意，岂有不赚钱的道理。

但目前存在的状况却是，中国的普通民众对经营存款业务的银行所存在的风险漠不关心，或知之甚少。因此，了解储蓄风险对于普通投资者来说就显得尤为重要了。

1. 提前还贷款要收违约金

现在越来越多的人贷款买房、买车，然后进行分期还贷款。如果资金充裕，想提前把贷款还清，就需要支付一笔违约金。以房贷为例，在办住房贷款时，贷款合同都会规定提前还款如何收取违约金。一般有两种形式：（1）在合同中明确规定，违约后要交多少违约金；（2）明确规定，违约后按一定比例收取违约金，比例一般为1%～3%。所以在到银行办理贷款时，一定要看清对违约金的规定。

2. 银行的理财产品也有本金亏损的风险

在人们以往的观念中，银行几乎就意味着绝对安全，把钱放到银行就意味着有了保障，在银行买理财产品也更加让人放心。其实这是一种错误的观念，因为购买银行的理财产品，本金也有亏损的风险。目前银行销售的理财产品主要分为三类：

（1）银行自己设计和销售的理财产品，这类产品由银行直接管理，比较正规，保障性相对较高；

（2）银行购买的结构性理财产品，这类产品配资的资产可能比较高，收益的波动性比较大；

（3）银行代理的理财产品，其中多是信托类产品，其风险性也比较高。

3. 预期收益率≠实际收益率

去银行买理财产品时，许多理财产品都会以"年化预期收益率""7日年化收益率"等来做招牌。由于许多银行理财产品的收益率是浮动的，因此银行在宣传的时候只会说"预期"收益率多少。之所以说是"预期"，也就意味着理财产品有可能达不到这种预期目标。所以在购买理财时，要多关注理财产品的实际收益率和理财产品资金投向。

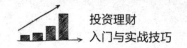

4. 理财产品与保险不要混淆

不少人发现在银行竟然买了一份保险，这类事情之所以会出现，除了银行推销人员不负责任之外，还有就是投资者自己不够警觉。有人可能会疑问，理财产品和保险相差太远，怎么可能会混淆呢？因为保险中有一类叫分红险。

分红险一般指保险公司在每个会计年度结束之后，把上一年度该类分红保险的可分配盈余，按照一定的比例，以现金红利或者增值红利的方式赔给客户的一种保险。由于这种保险每隔一段时间就可以获得一部分分红，一般人就会把这类保险混淆成理财产品。

5. 不清楚信用卡的收费规定不要乱用

信用卡在方便人们生活的同时，也暗藏着许多收费陷阱。比如，信用卡分期付款虽然不收利息，但是会收手续费；账单分期即使提前还款，还是要交每期的手续费；多数银行的信用卡取现是不免息的。

总之，在与银行打交道的时候，多一分细心，就会多一分安心。无论在银行办什么业务，多问、多看，弄清楚各项规定和条款是肯定没错的。

保险：分散风险还是财富增值

> 每个人都面临着遭受意外伤害的风险，但谁也无法确定到底会不会发生、何时发生，有时一旦发生，沉重的负担将会使一些家庭走向崩溃的边缘。对于个人而言，保险就是平时付出一点保费，在发生风险时获得足够补偿，不致遭受重大冲击。

居安思危，有备无患

从人类历史来看，人类社会从开始就面临着自然灾害和意外事故的侵扰，在与大自然抗争的过程中，古代人们就萌生了对付灾害事故的保险思想和原始形态的保险方法。保险从萌芽时期的互助形式逐渐发展成为冒险借贷，接着发展到海上保险合约，然后又发展到海上保险、火灾保险、人寿保险和其他保险，并逐渐发展成为现代保险。

从广义上说，保险包括有社会保障部门所提供的社会保险，比如社会养老保险、社会医疗保险、社会事业保险等，除此之外，还包括专业的保险公司按照市场规则所提供的商业保险。

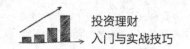

从狭义上说，保险是投保人根据合同约定，向保险人支付保险费，保险人对合同约定可能发生的事故，因其发生所造成的财产损失承担赔偿保险金的责任。或者当被保险人死亡、伤残的时候或者达到合同约定的年龄、期限的时候承担给付保险金责任的商业保险行为。这里主要讲的是商业保险，而不是社会保险。

从经济的角度来看，保险是分摊意外事故损失的一种财务安排，通过保险被保险人的损失由所有被保险人分摊；从社会的角度来看，保险是社会经济保障制度的重要组成部分，是社会生产和社会生活"精巧的稳定器"；从风险管理角度来看，保险是风险管理的一种方法，起分散风险、消化损失的作用。

近年来，保险公司推出了很多既具有保鲜功能又具有投资功能的保险品种，这些险种不仅能够保障财产和人身安全，还能使保险资金增值。

理财险比其他理财工具更需要准备与分析，因为不同类型的保险产品有不同的收益与保障功能，不同公司的同一款产品之间也有巨大的收益差距，唯有选择最适合自己的那一种，才能实现保障与收益的双丰收。

也许会有人说：我还没有赚够钱，哪里有闲钱买保险啊？事实上，保险是以明确的小投资来弥补不明确的大损失，保险金在遭遇病、死、残、医等重大变故时，可以立即发挥周转金、急难救助金等活钱的功能。因此，保险支出应该列为家庭重要的一笔投资，千万不能忽视。当然，在购买保险前也要全面了解保险的种类。

1. 按保险的实施方式，可分为强制保险与自愿保险

（1）强制保险，是指根据国家颁布的有关法律和法规，凡是在规定范围内的单位或个人，不管愿意与否都必须参加的保险。强制保险属于社会福利的范畴，也就是我们通常说的"五险一金"，此外还有"新农

合"等。五险中最大的一块是"基本养老保险"。值得注意的是，这里有"基本"二字，即只是保障最基本的晚年生活，千万不要认为缴纳了社保就可以不用理财了。

社会保险具有法制性、强制性、固定性等特点，每个在职职工都必须购买，所以，社会保险又称为（社会）基本保险，或者简称为社保。社会保险按其功能又分为养老保险、医疗保险、失业保险、工伤保险、生育保险、住房保险（又称住房公积金）等。

（2）自愿保险，是指保险双方当事人通过签订保险合同，或是需要保险保障的人自愿组合、实施的一种保险。

商业保险，是指通过订立保险合同运营，以营利为目的的保险形式，由专门的保险企业经营。具体而言，是指投保人根据合同约定，向保险人支付保险费，保险人对合同约定的可能发生的事故而造成的财产损失承担赔偿保险金责任，或者当被保险人死亡、伤残、疾病或者达到合同约定的年龄、期限时承担给付保险金责任的保险行为。

目前，国内理财投资型的保险品种主要有分红保险、万能寿险和投资连接险。风险依次增加，但是投资的收益潜能也依次提升。

2. 按保险标的或保险对象，主要分为财产保险和人身保险两大类

（1）财产保险，是指投保人根据合同约定，向保险人交付保险费，保险人按保险合同的约定对所承保的财产及其有关利益因自然灾害或意外事故造成的损失承担赔偿责任的保险。财产保险，包括财产保险、农业保险、责任保险、保证保险、信用保险等以财产或利益为保险标的的各种保险。

财产分为有形财产和无形财产。厂房、机械设备、运输工具、产成品等为有形财产；预期利益、权益、责任、信用等为无形财产。与此相对应，财产保险有广义和狭义之分。广义的财产保险，是指以物质财富及与此相关的利益作为保险标的的保险，包括财产损失保险、责任保

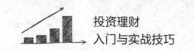
和信用（保证）保险。狭义的财产保险，是指以有形的物质财富及与此相关的利益作为保险标的的保险，主要包括火灾保险、货物运输保险、汽车保险、航空保险、工程保险、利润损失保险和农业保险等。

（2）人身保险。人身保险以人的寿命和身体为保险标的，并以其遭受不幸事故或因疾病、伤残、疾病、年老、死亡等人身风险为保险事故或年老退休时，根据保险合同的约定，保险人要按约给付保险金。传统人身保险的产品种类繁多，但按照保障范围可以划分为人寿保险、人身意外伤害保险和健康保险等。

3. 按承保的风险，可分为单一风险保险和综合风险保险

（1）单一风险保险是指仅对某一可保风险提供保险保障的保险。例如，水灾保险仅对特大洪水事故承担损失赔偿责任。

（2）综合风险保险是指对两种或两种以上的可保风险提供保险保障的保险。综合保险通常是以基本险加附加险的方式出现的。当前的保险品种基本上都具有综合保险的性质。例如，我国企业财产保险的保险责任包括火灾、爆炸、洪水等。

在购买保险时首先要量力而行，应根据自己家庭的经济状况，来确定购买保险的资金投入，一般投入的资金占家庭收入的10%～30%。购买保险要根据家庭面临的现实风险种类来购买相应的险种。比如，男性作为一个家庭主要财富的创造者，首先要考虑的就是生命和健康的保险，然后就是失业保险等。此外，购买保险时一定要读懂保险内容，如人寿险会附带着意外伤害险，在购买了人寿险后，就没必要再单独购买意外伤害险了。

购买保险后也不要轻易退保，因为退保会带来严重的损失，最直接的就是只能退回一小部分钱，之前缴纳的保费也会白白浪费。如确实急用钱，可向保险公司申请贷款，或是将保险业务变更为减额缴清保费，从而避免承担退保的损失。

根除错误观念，走出保险理财误区

随着社会的发展，更多人意识到，有些事情是我们不能控制的，比如生老病死。我们控制不了什么时候生病，更不能决定生什么病。如果没有购买"重大疾病保险"，昂贵的医疗费用很可能拖垮本来幸福的家庭。由此可见，购买适当的保险是生活的必需品。这样才能为自己的人生铸造一面幸福的围墙。

琳娜和闺蜜聊起了关于保险的事情，她说自从买了保险之后感觉心里安心了好多。闺蜜问为什么。她说："其实生活中不论你占有多少财富，但其实真正属于你个人的财富是给自己和亲人买了足够的保险。你觉得是这个道理么？"琳娜说完又随口问了一句，见闺蜜仍是一脸茫然，她继续说："保险能够在你的生命、财产、健康等受到损害时，给予你一定的赔偿与帮助，这不是雪中送炭吗？而且，在退休后你的收入大大减少的情况下，一份稳定的保险投资就能为你带来十分不错的经济回报。"

生活中风险就像空气一样充斥在我们的周围。虽然不能避免这些风险，但可以用各种各样的方式把损失降到最低。保险就像是一堵墙，保护着家庭中的每个人。这才是对自己，对家人的负责的态度。

随着我国经济的快速发展和保险业的逐步完善，越来越多的人开始萌生保险意识，从而将保险作为一种理财方式和经济保障。但在现实生活中，不少人对保险的认识还是不充分，甚至存在着一些错误的观念。

1. 我年轻，不用买保险

有些人没有太强的风险意识，认为保险是要到年纪大一些才考虑

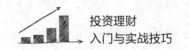

的。实际上，在保险费上，越年轻买保险缴费就越低，而且可以尽早得到保障。如果你还是单身的话，购买保险也是对父母负责任的一种体现。对没有储蓄观念的年轻工薪一族而言，买保险还有另一项作用，那就是"强制储蓄"，买保险还可以帮助你养成良好的消费习惯。

2. 买保险不吉利

保险公司的业务员在解释保险条款时，难免会用疾病、残疾、身故等字眼。这总是会让人感到不舒服。其实，风险的发生不以人的意志为转移。这就需要我们用正确的态度来对待。客观来看，意外险堪称人身保护神，因为这个险种花费不高，只要几十元或几百元即可带来一年的安全保障。不过，在购买意外险时要注意其保障范围。以保险卡为例，人身意外伤害保险卡主要针对经常出差或是每年都要旅行多次的人士；航空平安卡主要针对"飞行一族"；交通意外保险卡则主要针对经常乘坐轮船、火车和汽车等公共交通工具的人。

3. 等有了闲钱再买

有很多人认为自己手头上并不宽松，不适宜买保险。其实，中低收入者更应该买保险。穷人和富人面临相同的风险概率，穷人抗拒风险的能力比富人更弱。疾病和意外伤害随时都有可能发生，绝不会等到变得非常富有时它才降临。

4. 我收入稳定，不需要保险

人生风险无处不在，充分做好防范抵御风险的准备，保险为大家提供了风险发生后的资金保障，保证自己和家人的生活质量不受影响。

5. 单位买的保险足够了，无须再买

目前，有很多单位都为个人购买了保险，其中社会保险就属于强制保险，其中包括养老、失业、疾病、生育、工伤。但这些保险所提供的只是维持我们最基本生活水平的保障，而不能满足家庭风险的管理规划和有较高质量的退休生活。我国的保险业经过几年的发展，险种越来越多。由最单一的养老金保险发展到现在的包括重大疾病保险、意外伤害保险、养老金保险、教育金保险和分红投资保险的险种体系。因此建议个人还是应该拥有自己的持续、完善的保险保障。

6. 有医保，不买商业险

公费医疗和社会医疗都属于国家的社会保障制度，它们的特点就是覆盖面广，保障额低。一般不超过3万元。而现今越来越多发的癌症、脑中风、尿毒症等的治疗往往在5万元以上。如何使自己在不幸得病时有足够的钱来支付日益昂贵的医疗费用，而无须动用自己多年的积蓄或向外借钱？商业医疗保险就是很好的选择。

7. 买保险只重子女

重孩子、轻大人是很多家庭在买保险时容易犯的一个错误观念。孩子固然是重要的，但是保险理财风险的规避，在大人发生意外时，对家庭造成的财务损失和影响要远远高于孩子。如果经济较为宽裕，请为家中所有成员投保；假如手头并不宽松，请先将保障的重点集中在家庭经济支柱身上，然后再为孩子按照需要买一些健康、教育类的保险产品。

8. 混淆保险与银行储蓄

很多人买保险都在和银行的储蓄做比较。但是把钱放到保险公司和存到银行所起的作用是不一样的，存到银行拿到的是利息，而保险公司提供的则是应有的保障。储蓄是存钱到银行得到固定的利息，而买保险在保险期间发生意外事故或疾病，保险公司所提供的保险金往往是投保人所交保险费的几倍，甚至几十倍。

9. 买保险不为保障为投资

保险是理财，不是投资。保险的最大功能就是保障，而保障是有成本的，拿钱来买保险比把钱放到任何投资渠道的回报都要低很多。买保险赚钱的可能性只有一个，就是在交费过程中会发生风险。

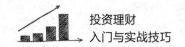

检视保单是否健康

买保险已不是什么新鲜事了，越来越多的人意识到应该给自己的未来加一份保障。不过，总有保户反映，投保容易理赔难；而保险公司也委屈，自己是按保险合同办事。为什么会出现这样的局面？当然，不排除个别业务员为完成业绩任务做出不负责任的承诺，但如果投保人对保险基本知识没有太多盲点，在投保时细致一点，这种情况或许可以避免。

一般情况下，保险公司的任何一款险种的保险条款中，都会规定投保范围。例如投保人与被保险人的实际年龄有误，或者投保人与被保险人没有保险法规定的保险利益，保险公司完全可以拒赔。

张先生新购置了一辆新车，在经销商的介绍下一并购买了车险。半月后的一个早晨，他发现右前门车窗玻璃上有一道明显裂痕，他将车开到经销商处希望更换，但对方说车窗玻璃已经贴膜，无法鉴别造成裂痕的原因，所以不属于保修范围。张先生转而找到保险公司，希望得到理赔，却被告知由于没有投保"玻璃险"，不能赔偿。张先生疑惑了，当初购车的时候明明买了车险的，怎么现在又冒出来"玻璃险"了呢？

还有一位王女士的汽车前挡风玻璃被飞石击中，呈放射状裂开。但王女士的车购买了"玻璃险"，于是顺利得到了保险公司的赔偿，换上了原装挡风玻璃。

玻璃险作为汽车保险的一项附加险，是保险公司负责赔偿保险车辆在使用过程中发生本车玻璃破碎的损失的一种商业保险。玻璃破碎，是指被保车辆只有挡风玻璃和车窗玻璃（不包括车灯、车镜玻璃）出现破损的情况。张先生却不知道车玻璃还需单独投保，于是像上面那样"买了受益，没买的倒霉"的事例在生活中就时常会发生。

因此，在投保过程中投保人需要注意以下细节问题：

1. 留意保险条款中"责任免除"条款规定

以某保险公司的某寿险条款为例，在该条款第五条是这样表述的：

因下列情形之一导致被保险人身故、身体高度残疾或患重大疾病，本公司不负保险责任：

（1）投保人、受益人对被保险人的故意行为；

（2）被保险人故意犯罪、拒捕、自伤身体；

（3）被保险人服用、吸食或注射毒品；

（4）被保险人在合同生效（或复效）之日起2年内自杀；

（5）被保险人酒后驾驶、无有效驾驶执照驾驶，或驾驶无有效行驶证的机动交通工具；

（6）被保险人感染艾滋病病毒（HIV呈现阳性）或患艾滋病（ADIs）期间，或因先天性疾病身故；

（7）被保险人在本合同生效（或复效）之日起一百八十日内患重大疾病，或因疾病而身故或造成身体高度残疾；

（8）战争、军事行动、暴乱或武装叛乱；

（9）核爆炸、核辐射或核污染及由此引起的疾病。

上述各款情形发生时，本合同终止。

因此，投保人在填写保单时必须认真阅读合同条款，避免日后出现争议。

2. 关注对"投保范围"的规定

一般情况下，保险公司的任何一款险种的保险条款中，都会规定"投

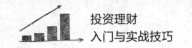

保范围"。例如，投保人与被保险人的实际年龄有误，或者投保人与被保险人没有保险法规定的保险利益，保险公司完全可以拒赔。

3. 观察期

在"保险责任"中，需要注意的是，会有一个观察期的规定，一般为180天，目的是防止恶意诈保事件的发生。在观察期内，被保险人发生意外，保险公司是不赔的。

4. 按时交费

如果投保人没有在规定日期交费，保险公司会给予一定的宽限期，一般是60天，在宽限期内发生意外事故，保险公司承担保险责任；宽限期后仍不交费的，保险公司会根据保单的现金价值自动垫付使保单有效，若垫付费用不足，则保单效用中止，再发生事故，保险公司则不承担保险责任。

5. 最大诚信原则

要求保险公司和投保人都必须履行如实告知的义务。对于投保人来说，一定要如实回答保险合同中列明的各项问题，可能一个小小的"隐瞒"，就会失去日后索赔的权利。通常，故意不告知的，保险公司对于合同解除前发生的保险事故不承担给付保险金的责任。

6. 签名

一般除了没有法定行为能力的人（如未成年人），投保人、被保险人、受益人都应该是亲笔签名，不要代签，哪怕是最亲近的人，也不要让保险业务员帮忙填写，以免日后出现纠纷。

由此可见，在投保的过程中认真对待以上细节问题，这是投保的第一步，那么选择适合自己的保险要遵循什么样的原则呢？

1. 先买意外险、健康险

人生包括三大风险：意外、疾病和养老。其中最难预知和控制的就是意外和疾病，而保险的保障意义在很大程度上就体现在这两类保险上。但是很多客户最先考虑的是投资理财产品，导致最具保障意义的保险一直以来没有受到足够的重视。一般而言，应该先给家人购买意外险，意外医疗和住院医疗保障；其次，是购买大病和重疾保障，因为目前重大疾病的发病率高达70%；接下来再购买养老保障金和子女的教育金；最后，才是理财产品。

2. 家庭支柱优先原则

家庭成员中购买保险的一般顺序为：第一是家庭支柱，需要给家庭支柱购买高额保险；第二是家庭支柱的另一半，因为中青年负担着整个家庭的保障；第三是小孩和老人的健康保障，有了这个安全保障，全家会更安心；第四是小孩的教育金和大人的养老金；第五是财产险，如车子、房子、企业财产险；第六是理财。

3. 贷款买房之前一定要先买足额的保险

现在贷款购房已经是一件司空见惯的事情了。但如果在贷款买房后还没有保险，可是一件很不科学、很危险的事。试想，20年的房贷，将意味着这20年期间你的收入不能中断，一旦由于意外、疾病中断了收入源，压力可想而知。因此，购房者应认真审视未来将要还多少房贷，在还贷期间内你就要有多少寿险。比如，房贷是100万元，那么需要至少100万元的定期或终身寿险，以此来防范还贷期间的人身风险。同时，如果能购买意外险、健康险就更多了一份保障。

4. 保费及保额原则

保费就是客户每年交多少钱，保额就是保险公司给客户的保障。客户每年缴纳的保费应是家庭收入的 10% ～ 20% 是最合理的，这个也就是保费原则。如果条件允许，最好购买足额的保障。

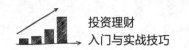
外汇投资：风险较高的投资方式

不同的经济体都有自己的货币制度，本经济体只允许使用本经济体货币购买商品和服务，要实现跨境集体购买，必须进行货币兑换，这就要求有一个共同遵守的准则，才能实现货币自由兑换的目的。这就为我们多提供了一条投资理财的路径。

外汇的基本知识

外汇是伴随着国际贸易产生的，是货币行政当局（中央银行、货币管理机构、外汇平准基金及财政部）以银行存款、财政部库券、长短期政府证券等形式保有的，在国际收支逆差时可以使用的债权。包括外国货币、外币存款、外币有价证券（政府公债、国库券、公司债券、股票等）、外币支付凭证（票据、银行存款凭证、邮政储蓄凭证等）。

1. 什么是外汇

外汇有动态和静态两种含义。

动态意义上的外汇，是指人们将一种货币兑换成另一种货币，清偿国际债权债务关系的行为。这个意义上的外汇概念等同于国际结算。

静态意义上的外汇又有广义和狭义之分。

广义的静态外汇，是指一国拥有的一切以外币表示的资产。按照我国2008年8月1日国务院第20次常务会议修订通过的《中华人民共和国外汇管理条例》规定，外汇是指下列以外币表示的可以用作国际清偿的支付手段和资产：外币现钞，包括纸币、铸币；外币支付凭证或者支付工具，包括票据、银行存款凭证、银行卡等；外币有价证券，包括债券、股票等；特别提款权；其他外汇资产。从这个意义上说，外汇就是外币资产。

狭义的静态外汇，是指以外国货币表示的，为各国普遍接受的，可用于国际债权债务结算的各种支付手段。从这个意义上讲，只有存放在国外银行的外币资金，以及将对银行存款的索取权具体化了的外币票据才构成外汇，主要包括银行汇票、支票、银行存款等。这就是通常意义上的外汇概念。

2. 外汇的分类

（1）按照管制，可分为现汇和购汇。

①现汇，是指在国际金融市场上可以自由买卖，又称"自由外汇"。在国际结算中广泛使用，在国际上得到偿付并可以自由兑换其他国家货币的外汇。

②购汇，是国家批准的可以使用的外汇指标。如果想把指标换成现汇，必须按照国家外汇管理局公布的汇率牌价，用人民币在指标限额内向指定银行买进现汇，专业说法叫购汇，必须按规定用途使用购汇功能。

当发生外币交易后需要支付外币时，用人民币去购换成外币支付的一种行为就称之为购汇了。购汇是转账交易，是用账户上的本币兑换外币，相当于外汇买卖，兑换后的外币还在账户上或银行卡上，不提取现金。但2014年以后最新政策规定，每人每年有5万美元等值的购汇额度，每人每次购汇可以提取不超过等值2000美元的外币现钞。

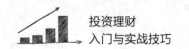
（2）按照性质，可分为贸易外汇、非贸易外汇和金融外汇。

①贸易外汇，也称实物贸易外汇，是指来源于或用于进出口贸易的外汇，即由于国际的商品流通所形成的一种国际支付手段，如运费、保险费、样品、宣传、推销费用等所用的外汇。

②非贸易外汇，是指贸易外汇以外收支的外汇，即一切非来源于或用于进出口贸易的外汇，如侨汇、旅游、港口、民航、保险、银行、对外承包工程等外汇收入和支出。

③金融外汇，属于一种金融资产外汇，例如银行同业间买卖的外汇，既非来源于有形贸易或无形贸易，也非用于有形贸易，而是为了各种货币头寸的管理和摆布。资本在国家之间的转移，也要以货币形态出现，或是间接投资，或是直接投资，都形成在国家之间流动的金融资产。

3. 汇率

亦称"外汇行市"或"汇价"，是一种货币兑换另一种货币的比率，是以一种货币表示另一种货币的价格。由于世界各国（各地区）货币的名称不同，币值不一，所以一种货币对其他国家（或地区）的货币要规定一个兑换率，即汇率。

一国外汇行市的升降，对进出口贸易和经济结构、生产布局等会产生影响。一般来说，本币汇率降低，即本币对外的比值贬低，能起到促进出口、抑制进口的作用；若本币汇率上升，即本币对外的比值上升，则有利于进口，不利于出口。

例如，一件价值100元人民币的商品，如果人民币对美元的汇率为0.1495（间接标价法），则这件商品在美国的价格就是14.95美元。如果人民币对美元汇率降到0.1429，也就是说美元升值，人民币贬值，那么只需用更少的美元就可买此商品，这件商品在美国的价格就是14.29美元。所以该商品在美国市场上的价格会变低。商品的价格降低，竞争力变高，就便宜好卖。反之，如果人民币对美元汇率升到0.1667，也就是说美元贬值，人民币升值，则这件商品在美国市场上的价格就是16.67美元，此商品的美元价格变贵，买的人就少了。

在外汇市场上，汇率是以五位数字来显示的，如：欧元（EUR）为0.9705、日元（JPY）为119.95、英镑（GBP）为1.5237。

汇率的最小变化单位为一点，即最后一位数的一个数字变化，如：欧元（EUR）0.0001、日元（JPY）0.01、英镑（GBP）0.0001。

按国际惯例，通常用三个英文字母来表示货币的名称，如：

货币	英文代码	货币	英文代码	货币	英文代码
美元	USD	新加坡元	SGD	欧元	EUR
荷兰盾	NLG	日元	JPY	芬兰马克	FIM
英镑	GBP	泰国铢	THB	瑞士法郎	CHF
瑞典克朗	SEK	澳大利亚元	AUD	丹麦克朗	DKK
新西兰元	NZD	挪威克朗	NOK	加拿大元	CAD
奥地利先令	ATS	港币	HKD	菲律宾比索	PHP
法国法郎	FRF	西班牙比塞塔	ESP	意大利里拉	ITL
澳门元	MOP	比利时法郎	BEF	德国马克	DEM

外汇汇率中的"点"（基点），按市场惯例，外汇汇率的标价通常由五位有效数字组成，从右边向左边数过去，第一位称为"X 个点"，它是构成汇率变动的最小单位；第二位称为"X 十个点"，如此类推。例如：1 欧元 = 1.1138 美元；1 美元 = 102.51 日元。欧元对美元从 1.11133 变为 1.1138，称欧元对美元上升了 5 点；美元对日元从 103.01 变为 102.51，称美元对日元下跌了 50 点。

4. 汇率的标价方式

外汇市场上的报价一般为双向报价，即由报价方同时报出自己的买入价和卖出价，由客户自行决定买卖方向。买入价和卖出价的价差

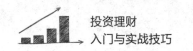
越小，对投资者来说意味着成本越小。确定两种不同货币之间的比价，要先确定用哪个国家的货币作为标准。由于确定的标准不同，于是便产生了几种不同的外汇汇率标价方法。

（1）直接标价法，又叫应付标价法，是以一定单位（1、100、1000、10000）的外国货币为标准来计算应付出多少单位本国货币。就相当于计算购买一定单位外币所应付多少本币，所以就叫应付标价法。在国际外汇市场上，包括我国在内的世界上绝大多数国家目前都采用直接标价法。如美元兑人民币汇率为6.6878，即1美元兑6.6878元人民币。

在直接标价法下，若一定单位的外币折合的本币数额多于前期，则说明外币币值上升或本币币值下跌，叫外汇汇率上升；反之，如果用比原来较少的本币即能兑换到同一数额的外币，这说明外币币值下跌或本币币值上升，叫外汇汇率下跌。

（2）间接标价法，又称应收标价法。它是以一定单位（如1个单位）的本国货币为标准，来计算应收若干单位的外汇货币。在国际外汇市场上，欧元、英镑、澳元等均为间接标价法。如欧元兑美元汇率为1.1138即1欧元兑1.1138美元。

在间接标价法中，本国货币的数额保持不变，外国货币的数额随着本国货币币值的变化而变化。如果一定数额的本币能兑换的外币数额比前期少，这表明外币币值上升，本币币值下降，即外汇汇率下跌；反之，如果一定数额的本币能兑换的外币数额比前期多，则说明外币币值下降、本币币值上升，即外汇汇率上升。

外汇市场的交易方式

在外汇交易中，一般存在着即期外汇交易、远期外汇交易、外汇期货交易以及外汇期权交易等四种交易方式。

1. 即期外汇交易

又称为现货交易或现期交易，是指外汇买卖成交后，交易双方于当天或两个交易日内办理交割手续的一种交易行为。

即期外汇交易是外汇市场上最常见的一种交易方式，其交易量居各类外汇交易之首，主要是因为即期外汇买卖不但可以满足买方临时性的付款需要，也可以帮助买卖双方调整外汇头寸的货币比例，以避免外汇汇率风险。但是由于即期外汇交易只是将第三天交割的汇率提前固定下来，因此它的避险作用十分有限。

2. 远期外汇交易

又称期汇交易，是指交易双方在成交后并不立即办理交割，而是事先约定币种、金额、汇率、交割时间等交易条件，到期才进行实际交割的交易。远期外汇交易是有效的外汇市场中不可以缺少的组成部分。最常见的远期外汇交易交割期限一般有1个月、2个月、3个月、6个月、12个月。

远期外汇交易与即期外汇交易的根本区别在于交割日不同。凡是交割日在成交两个营业日以后的外汇交易均属于远期外汇交易。

3. 外汇期货交易

是指买卖双方成交后，按规定在合同约定的到期日内按约定的汇率进行交割的外汇交割方式。买卖双方在期货交易所以公开喊价方式成交后，承诺在未来某一特定日期，以当前所约定的价格交付某种特定标准数量的外币，即买卖双方以约定的数量、价格和交割日签订的一种合约。

4. 外汇期权交易

是指交易双方在规定的期间按商定的条件和一定的汇率，就将来是否购买或出售某种外汇的选择权进行买卖的交易。外汇期权交易是20世纪80年代初中期的一种金融创新，是外汇风险管理的一种新方法。

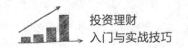
如何判别汇率走势

汇率，作为一国货币对外价格的表示形式，既要受国内因素的影响，又要受国际因素的影响。因此，汇率的变动常常捉摸不定，汇率的预测十分困难。除经济因素外，货币作为国家主权的一种象征，也常常受政治和社会因素的影响。

1. 投资者的心理预期

投资者的心理预期在国际金融市场上表现得尤为突出。外汇汇率从某种角度看就是外汇供求双方对货币主观心理评价的集中体现。评价高，信心强，则货币升值。反之亦然。

2. 经济增长率

各国经济的增长速度是影响汇价的最基本因素。实际经济增长率同未来的汇率变动有着更复杂的关系。主要有两种情形。如果一国的出口保持不变，经济增长加速，国内需求水平提高，将增加该国的进口从而导致经常项目逆差。如果一国经济是以出口导向的，经济增长是为了生产更多的出口货，在这种情形下，经济增长率的提高可以使出口的增长弥补进口的增加。一般说来，高增长率会引起更多的进口，从而造成本国货币汇率下降的压力。但一个国家的经济加速增长会形成利好，这个国家的货币就会升值。

3. 国际收支

国际收支也是影响汇市的基本因素之一。国际收支是指商品和劳务的进出口和资本的输出和输入。如果一国国际收支为顺差，则外汇收入大于外汇支出，外汇储备增加，该国对外汇的供给大于对外汇的需求，同时外国对该国货币需求增加，则该国外汇汇率下降，本币对外升值；

反之，则为逆差。

必须指出，国际收支状况并非一定会影响到汇率，这主要看国际收支顺（逆）差的性质。短期、临时性、小规模的国际收支差额，可以轻易地被国际资金的流动、相对利率和通货膨胀率、政府在外汇市场上的干预和其他因素所抵消。不过，长期的巨额的国际收支逆差，一般会导致本国货币汇率的下降。需要注意的是，美国的巨额贸易逆差不断增加，但美元却保持长期的强势，这是很特殊的情况，也是许多专业人士正在研讨的课题。

4. 货币的供应量

是指一个国家的央行或发行货币的银行发行货币的数量，对汇率的影响也很大。一个国家必须保证它的货币供给保持一定的数量，如果发行的纸币过多，就会造成纸币大幅贬值，以致整个金融市场崩溃的情况。

如果一个国家的经济增长速度缓慢，或者经济在衰退，那么这个国家的央行就要考虑增加货币的供应量来刺激经济，它会奉行调低利率等宽松的货币政策，这个国家减息的可能性就会加大。反之，如果在采取了这种政策之后经济好转，货币发行过多，会造成货币增长过快，那么这个国家的央行就要采取紧缩的货币政策。它要减少货币供应量，以避免通货膨胀。

5. 通货膨胀率

在纸币流通的条件下，决定两国货币汇率的基础是货币的购买力。而在通货膨胀的条件下，货币的购买力就会下降。因此两国通货膨胀率的差异必然会导致汇率发生变动。任何一个国家都有通货膨胀，如果本国通货膨胀率相对于外国高，则本国货币对外贬值，外汇汇率上升。

6. 利率水平

利率水平对外汇汇率的影响，是通过不同国家的利率水平的不同，促使短期资金流动导致外汇需求变动。如果一国利率提高，外国

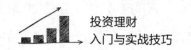

对该国货币需求增加，该国货币升值，则其汇率下降。当然利率影响的资本流动是需要考虑远期汇率的影响，只有当利率变动抵消未来汇率不利变动仍有足够的好处，资本才能在国际流动。如果一个国家的利率过低，就有可能造成货币从一个低利率的国家流向一个高利率的国家，大家以此获取息差。在国际上有一种"抛补套利"的做法就是根据这个原理操作的。

7. 生产者物价指数（PPI）

是衡量工业企业产品出厂价格变动趋势和变动程度的指数，是反映某一时期生产领域价格变动情况的重要经济指标，也是制定有关经济政策和国民经济核算的重要依据。各国通过统计局向各大生产商搜集各种商品的报价，并通过自己的计算方法计算出百进位形态以便比较。

如，现在美国公布的PPI数据以1967年的指数当作100来计算，这个指数由美国劳工部公布，每月一次。如果公布的这个指数比预期高，说明有通货膨胀的可能，有关方面会就此进行研究，考虑是否实行紧缩的货币政策，这个国家的货币因而会升值，产生利好。如果这个指数比预期的差，那么该货币会下跌。

8. 消费者物价指数（CPI）

是一个反映居民家庭一般所购买的消费价格水平变动情况的宏观经济指标。它是度量一组代表性消费商品及服务项目的价格水平随时间而变动的相对数，是用来反映居民家庭购买消费商品及服务的价格水平的变动情况。

居民消费价格统计调查的是社会产品和服务项目的最终价格，一方面同人民群众的生活密切相关，同时在整个国民经济价格体系中也具有重要的地位。它是进行经济分析和决策、价格总水平监测和调控及国民经济核算的重要指标。其变动率在一定程度上反映了通货膨胀或紧缩的程度。一般来讲，物价全面、持续地上涨就被认为发生了通货膨胀。

9. 失业率

失业率是由国家的劳工部门统计，每月公布一次的国家人口就业状况的数据。是指一定时期满足全部就业条件的就业人口中仍未有工作的劳动力数字，旨在衡量闲置中的劳动产能，是反映一个国家或地区失业状况的主要指标。失业数据的月份变动可适当反映经济发展。失业率与经济增长率具有反向的对应变动关系。

失业率增加是经济疲软的信号，可导致政府放松银根，刺激经济增长；相反，失业率下降，将形成通货膨胀，使央行收紧银根，减少货币投放。

10. 综合领先指标

是用来预测经济活动的指标。以美国为例，美国商务部负责收集资料，其中包括股价、消费品新订单、平均每周的失业救济金、消费者的预期、制造商的未交货订单的变动、货币供应量、销售额、原材料的生产销售、厂房设备以及平均的工作周等指标。

经济学家可以通过这个指标来判断这个国家未来的经济走向。如果领先指标上升，显示该国经济增长，有利于该国货币的升值。如果指标下降，则说明该国经济有衰退迹象，这个国家的货币则有贬值的可能。

11. 财政赤字

如果一国的财政预算出现巨额赤字，其货币汇率将下降。财政赤字是财政支出大于财政收入而形成的差额，它反映着一国政府的收支状况。理论上说，财政收支平衡是财政的最佳情况，在现实中就是财政收支相抵或略有结余。不过，在一定限度内，财政赤字也可以刺激经济增长。当居民消费不足的情况下，政府通常的做法就是加大政府投资，以拉动经济的增长，但是这绝不是长久之计。

当一个国家财政赤字累积过高时，对国家的长期经济发展而言，并不是一件好事，对该国货币亦属长期的利空，且日后为了解决财政赤字

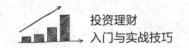

只有靠减少政府支出或增加税收这两项措施，这对经济或社会的稳定都有不良的影响。一国的财政赤字若加大，该国货币会下跌，反之，若财政赤字缩小，表示该国经济良好，该国货币会上扬。

12. 外汇储备

一定的外汇储备是一国进行经济调节、实现内外平衡的重要手段。当国际收支出现逆差时，动用外汇储备可以促进国际收支的平衡；当国内宏观经济不平衡，出现总需求大于总供给时，可以动用外汇组织进口，从而调节总供给与总需求的关系，促进宏观经济的平衡。同时当汇率出现波动时，可以利用外汇储备干预汇率，使之趋于稳定。但如果一国外汇储备过高，不但面临着巨大的汇率风险，还会加剧通货膨胀压力，给本国货币带来巨大的升值压力。

如何规避外汇投资风险

投资者决定投资外汇市场，应该仔细考虑投资目标、经验水平、承担风险的能力以及所有与外汇投资相关的风险。否则，不控制风险，随意操作，是很有可能失利的。以下几点需要引起投资者的注意：

1. 平和心态

投资者在决定投资外汇市场前首先要对自己的心态有综合的评估。心态的稳定是分析市场最好的武器，外汇市场同样是一个高风险的市场，入市之前请先充分了解你自己，"戒贪、戒躁、戒盲从"是入市三大戒条，还要有耐心。

2. 以闲暇资金投资

入市前应先明确自己资金的用途，是闲置资金最好，这样才能令自己进退自如。如果投资者以家庭生活的必须费用用于投资，万一亏损，就会直接影响家庭生活，在投资市场里失败的机会就会增加。要成为成功的投资者，其中一项原则就是随时保持2—3倍的资金以应付价位的波动。假如你的资金不足，就应减少手上所持有的买卖合约，否则就有可能因资金不足而被迫"斩仓"以腾出资金。

3. 对盈亏有合理预期

汇市有风险，投资者应确定入市投资方案，在入市前首先定下一个亏损的资金额度，亏损额一到坚决全线撤出；盈利目标一到，也绝不恋战，不贪心，千万不要心存侥幸。

4. 时间投入

汇市瞬息万变，每一个变动都可能造成汇率的波动，所以投资者要及时跟进，才能把握投资交易时机。由于市场跟进程度的不同，必然导致交易方案和炒作方式的不同，入市前了解和选择符合自己实际情况、具可操作性的交易方案，同样很重要。

5. 顺势而为

人们在买卖外汇时，常常片面地着眼于价格的浮动而忽视汇价的上升和下跌趋势。当汇率上升时，价格越来越贵，越贵越不敢买；在汇率下跌时，价格越来越低，越低越觉得便宜。因此实际交易时往往忘记了"顺势而为"的格言，成为逆市而为的错误交易者。

缺乏经验的投资者，在开盘买入或卖出某种货币之后，一见有盈利，就立刻想到平仓收钱。获利平仓做起来似乎很容易，但是捕捉获利的时机却是一门学问。有经验的投资者会根据自己对汇率走势的判断，决定平盘的时间。如果认为市场走势会进一步朝着有利的方向发展，应耐着性子，让汇率尽量向更有利的方向发展，从而使利润延续。一见小利就平盘不等于见好即收，到头来可能会赢少亏多。

6. 学会等待

在外汇市场上，没有必要每天都入市炒作，特别是市况不明朗的时

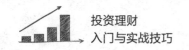

候，一定要学会等待。初入行者往往热衷于入市买卖，但成功的投资者则会等机会，当他们入市后感到疑惑时亦会先行离市。他们在外汇交易的时候，一般都秉持"谨慎"的策略。做外汇交易，也需要稳扎稳打，只有看准机会，才可以大笔投入。而且，外汇保证金的交易方式具有杠杆放大的效果，赢利当然可以放大，但是亏损也同样会被放大。如果投资者盲目入市，遭遇巨大亏损的可能性非常大。

7. 建仓资金需留有余地

外汇投资，特别是外汇保证金交易的投资，由于采用杠杆式的交易，资金放大了很多倍，资金管理就显得非常重要了。满仓交易和重仓交易者实际上都是赌博，最终必将被市场所淘汰。所以，外汇建仓资金一定要留有余地。

8. 抓住盘局中的机会

盘局指市价波动幅度狭窄，买卖力量势均力敌，暂时处于交锋拉锯状态的情况。无论上升行情中的盘局还是下跌行情中的盘局，一旦盘局结束，突破阻力位或支撑位，市价就会破关而成突破式前进。对于有经验的投资者，这是入市建立头寸的良好时机。如果盘局属于长期关口，突破盘局时所建立的头寸所获必丰。

9. 交叉盘不是解套的"万能钥匙"

外汇市场以美元为汇率基准，美元以外的两种货币的相对汇率就是交叉盘，比如欧元对英镑，澳元对日元。

做交叉盘是外汇市场上实盘投资者经常使用的一种解套方法，在直盘交易被套牢的情况下，很多投资者不愿意止损，而选择交叉盘进行解套操作。如果运用得好，交叉盘操作能有效地降低持仓成本，使已经被套牢的仓位更快解套。

通常情况下，交叉盘的波动幅度都要大于直盘，走势相对也比较简单明快，转做交叉盘常常会有出人意料的收获。当然，交叉盘尽管波幅大、机会多，但交叉盘交易中最大的风险就是美元的大幅度上涨，另外由于投资者对交叉盘不太熟悉，也会造成交叉盘越做越亏，套牢程度增加。因此，交叉盘不是解套的最佳良药，如果没有确切的把握，投资者应该慎之又慎。

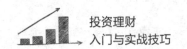

货币基金：活期存款的最佳替代品

> 2013 年 6 月，一只货币基金开始走进千家万户，并且很快成为世界上规模最大的货币基金。在此之前，很多人并不知道货币基金到底是什么，甚至也包括很多资深投资者。那么货币基金究竟是怎样的一种基金？简单地说，货币基金是"使用起来像货币一样的基金"。

每天都有收益的余额宝理财

2013 年 6 月 17 日，支付宝推出余额宝，是蚂蚁金服旗下的余额增值服务和活期资金管理服务。余额宝对接的是天弘基金旗下的增利宝货币基金。

天弘基金成立于 2004 年 11 月 8 日，2014 年年底，天弘基金公募资产管理规模 5898 亿元，排名行业第一。2013 年，天弘基金通过推出首只互联网基金——天弘增利宝货币基金（余额宝），改变了整个基金行业的新业态。

　　余额宝上线不到6天时间，用户数量就突破了100万，截止到2016年6月，余额宝用户数量逼近三亿，是国内用户数最多的公募基金公司。余额宝的注册和投资流程简单快捷、易于操作，用户还可以随时登录客户端进行收益的查询，方便理财。截至2016年6月30日，余额宝为用户赚取利润近93.45亿元。

　　余额宝背后对接天弘基金，用户将钱转入余额宝，即默认购买了天弘增利宝，相当于一种投资，钱由基金管理，收益是投资收益，且没有设置最低理财限制，1元钱即可认购，有利于将社会上的闲散资金聚拢起来，形成规模效应。因而余额宝的收益较之同期的银行活期储蓄相比要高出一大截，甚至比一般的银行理财产品也高很多。余额宝的收益是按日结算的，计算公式如下：

$$当日收益 = （余额宝确认资金 /10000 ）× 每万份收益$$

　　其中，"余额宝确认资金"指当日余额宝内确认的资金数量，以15：00为一个时间界限，每天15：00以后转入的金额都算作第二天的入账金额，并且还需要一个工作日的审核时间（周六日及节假日不计入）。为保证尽早获得收益，最好在工作日周一到周四15：00前进行金额转入操作。"每万份收益"指由基金公司公布的每一万元的收益情况，这个数值是变化的。

　　当用户选择将资金从余额宝转出或者使用余额宝进行购物支付，则相当于赎回了增利宝基金份额，且为了方便使用，该货币基金不仅"当天赎回、当天到账"，更可"实时到账"。

　　从2016年10月12日起，天弘基金相关负责人证实，"余额宝转出不收费，转出包括转到本人银行卡和支付宝余额，均将继续免费。"并给出建议："如果用户的支付宝余额里有闲钱担心被收费，在新规则实施前即

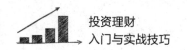

10月12日前把钱转入余额宝则是一个明智选择。"

此外，余额宝取现到账时间为单笔 5 万以下第二个自然日 24 小时前到账；单笔高于 5 万元，提交后的一个工作日内 24 点前到账，且大额的资金转入转出余额宝也有一定的限制，着急提现的需要谨慎操作。

余额宝改变了人们"闲钱储蓄"的理财习惯。目前，余额宝作为"现金管理工具"的定位已经越来越明显。人们已经习惯将手头闲钱买余额宝等新兴的互联网金融理财产品，少则几百元，多则上万元，日常只留少量现金即可应付日常所需了。所以，对于保守型投资者或刚进入社会不太会理财的"月光族"，将自己手上的钱投入余额宝是一个不错的选择。

从长期来看，余额宝的收益会逐步回归到货币基金较为均衡的收益水平。截至2016年12月，余额宝七日年化收益率已经降到了2.6110%，这个收益率是目前一年期银行存款利率1.500%的1.74倍。显然，余额宝的收益远远高于银行存款，而且转入转出方便、快捷，日常现金可以用余额宝进行管理。从某种程度上，余额宝可以作为活期储蓄的替代品。然而，余额宝告别了其辉煌的年代，尤其是随着P2P理财产品的异军突起。

当然，余额宝作为一款理财产品，用户将资金转入余额宝就是一种投资行为，投资必然有风险。余额宝背后的天弘基金是一款货币基金，货币基金对市场利率有很高的依存度，如果央行降低利率，那么货币基金的收益会迅速下降。

此外，针对网络技术风险，余额宝为用户提高了交易安全，如果用户妥善保管你的账户和密码，账号密码没有被泄露的话基本上就不会出问题。而且为了应对风险，支付宝母公司浙江阿里巴巴电子商务有限公司已经出资 11.8 亿元认购天弘基金，以 51% 的持股比例成为其第一大股东，牢牢掌控自己的金融产品安全，保障用户的利益。同时，支付宝还做出了余额宝用户如果发生资金被窃全额赔偿的保证。我们也有理由相信，余额宝在系统方面的风险控制在国内是一流的。

让闲钱赚钱的P2P网贷

P2P网贷，又称为P2P网络借款，是"peer to peer"的简写，意为"个人对个人的借款"，指个人通过P2P平台，向其他个人提供小额借贷的金融模式。其正确的缩写形式为PTP，P2P是中国媒体不规范的一种叫法，目前已经被中国网民所熟悉。

P2P网贷的典型模式为：网络信贷公司提供平台，由借贷双方自由竞价，并由网贷平台撮合成交。资金借出人获取利息收益，并承担风险；资金借入人到期偿还本金与利息，网络信贷公司则收取中介服务费。P2P平台借助互联网，为有资金需求和理财需求的个人搭建了一个安全、高效、诚信的网络借贷平台，一方面出借人实现了资产的收益增值，另一方面借款人可以在P2P平台上发布借款需求，快速筹得资金。

P2P平台2005年开始以网络平台方式在英美等发达国家发展并逐渐成熟，2006年底进入中国。自2007年8月，拍拍贷国内首家P2P平台正式成立，P2P网络借贷平台在短期内如雨后春笋般爆发。据不完全统计，全国范围内现有P2P平台数量已超过5000个。

现在P2P行业平台信息不对称，所以P2P网贷仍然属于高风险投资品种。投资者在接触P2P网络借贷平台时，往往会被其较高的收益率所吸引。的确，某些融资项目可以带给投资者超过10%的收益率，比一般理财产品高出不少。所以，投资P2P网贷的资金一定是配置高风险产品的资金，分散投资的原则也要谨记，千万别孤注一掷。投资者最应该关注的应该是资金的安全性，对平台背景、平台属地、业务结构、利率水平、网站软件等要综合考察。此外，还应当考虑资金的流转是否

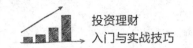
直接，若P2P网络借贷平台本身能够接触到资金，则有可能发生资金被中途拦截、转移的风险。借款人是否有抵押物，是否获得了第三方融资性担保公司的担保以及平台本身是否提供连带责任等都应该纳入考量范围。

那么，对于 P2P 网贷存在的上述风险，应该如何防控呢？又该如何选择安全规范的 P2P 平台呢？

1. 选择正规的理财平台

正规的P2P理财平台只是作为借贷双方信息撮合的中介，并不接手资金、利息，第三方费用也非常透明，且第三方费用也由第三方收取，与平台本身并无关系，平台仅收取相应的手续费。因此，在P2P平台投资理财，一定要选择正规化、规范化、阳光化的平台，这样才能保证出借人资金的安全。

2. 选择"先行垫付"的平台

在保障出借人资金安全方面，有的平台会把借款项目分成不同的标的，平台本身承担"先行垫付"的职能，当借款人逾期还款时，平台先行垫付给出借人，保障出借人的利益。比如，人人贷平台的"先行垫付"功能就完全保障了投资人的本金安全。

3. 选择有严格审核流程的平台

在选择 P2P 平台时，要考察平台是否有一套完善的风险管控技术，是否有抵押，是否有一套严格的信用审核流程，是否有一个成熟的风险控制团队，是否有还款风险金，是否每一笔债券都是非常透明的。

4. 选择大平台

一般而言，大平台也是其实力的体现，规模越大其风险管控越严格。平台背景的优先等级如下：政府机构背景、银行金融集团背景，其次是持牌的小额贷款公司和融资性担保公司，再次是非融资性担保公司、投资公司、典当公司、财富公司、资产管理公司、私募股权基金，最后是普通的金童咨询服务公司、电子商务公司网络科技公司等。

5. 选择合适的利率水平

风险总是与收益成正比，但在P2P行业中，利率高低并不体现安全性。因为影响利率水平的因素除综合运营成本外，还与市场环境、放贷水平、风控能力有关。

现阶段由于网贷理念尚未能普及，同时，相关监督法律法规不够齐全、技术不够完善，使一些网贷平台携款跑路现象时有发生，这在很大程度上影响了P2P网贷的发展。2014年，P2P理财行业被纳入银监会监管，P2P理财平台将走向正规化、标准化。

平台跑路之初一般都会有些征兆，比如网站不能正常登录、提现不及时、短期连续出现巨额标的等，在这些不正常现象连续出现时，投资者就该提高警惕了，一旦发生提现困难就应该尽快找到平台管理层严正交涉，要求其尽快还款。在还款请求没有响应后，投资人应立刻联合其他投资人到平台所在地公安局经侦大队报案，同时聘请律师和平台接触解决问题，以保障自己的正当利益。

可见，找一家值得信赖的平台必然在安全指数上会更让人们信服。当下，各省市的P2P平台的数目较多，下面对市场上规模较大的P2P理财平台进行详细介绍。

1. 陆金所

全称为上海陆家嘴国际金融资产交易市场股份有限公司，是中国平安保险（集团）股份有限公司旗下成员之一，是中国最大的网络投融资平台之一，于2011年9月在上海注册成立，注册资本金为8.37亿元，总部设在国际金融中心上海陆家嘴。陆金所是上海唯一一家通过国务院交易场所清理整顿的金融资产交易信息服务平台。

2. 人人贷

人人贷是人人友信集团旗下公司及独立品牌，全称为人人贷商务顾问（北京）有限公司，成立于2010年，是我国较早的一批基于互联网的P2P信用借贷服务平台，是中国AAA级个人金融信息服务平台。平台采用线上线下结合的模式，信息披露比较透明，会公布每季度的相关运营数据，方便投资人了解平台的运行状况，及时预测和规避风险。项目资金交由中国民生银行进行托管，设置风险准备金为投资人提供100%本金保障。

3. 宜人贷

宜人贷是宜信公司旗下的品牌，于2012年推出。截止至2015年10月，平台累计注册用户超过700万，累计交易促成金额超过90亿元。宜信公司创建于2006年，总部位于北京，是一家集财富管理、信用风险评估与管理、信用数据整合服务、小额借款行业投资、小微借款咨询服务与交易促成、公益理财助农平台服务等业务为一体的综合性现代服务企业。宜人贷通过互联网、大数据等科技手段，为中国城市白领人群提供信用借款咨询服务，并通过"宜人理财"在线平台为投资者提供理财咨询服务。2015年12月18日，宜人贷在美国纽交所成功上市，成为中国互联网金融海外上市第一股。

4. 有利网

有利网成立于2012年，运营公司为北京弘合柏基金融信息服务有限责任公司，是一家创新型的互联网理财网站，团队成员在金融和互联网领域均有着丰富的经验，主要来自大型国有商业银行、股份制银行等金融机构以及国内外一流互联网企业。2014年12月，有利网当选为"北京市网贷行业协会"副会长单位。有利网目前有三款产品：无忧宝、定存宝和月息通。

5. 红岭创投

全称为红岭创投电子商务股份有限公司，总部位于深圳市福田区，注册资本为6000万元。于2009年3月正式上线运营，专注做互联网金融服务，至今已达8年。截至2016年12月15日，注册人数超过129万，交易总量超过2037亿元。全国设立了40余个省级分支机构，各主要城市设立了互联网金融体验店。作为国内成立时间超过7年的互联网金融服务平台，红岭创投始终将保护投资者利益放在首要位置，凭首创本金先行垫付模式在行业被迅速发展，赢得了投资者良好的口碑。红岭创投率先进行了工商银行的资金监管，同时已经计划引入个人电子安全证书的应用。目前，红岭创投的成交额一直处于领先地位。

6. 拍拍贷

公司全称为上海拍拍贷金融信息服务有限公司，总部位于上海。成立于2007年6月，是国内首家纯信用无担保网络借贷平台，同时也是第一家由工商部门批准，获得"金融信息服务"资质的互联网金融（ITFIN）平台。截至2016年底，注册用户达到3394万，是国内用户规模最大的网络信用借贷平台之一。不同于其他网贷平台的是，拍拍贷采用的是纯线上模式运作，平台本身不参与借款，而是实施信息匹配、工具支持和服务等功能，借款人的借款利率在最高利率限制下由自己设定。而这也是网络信用借贷平台最原始的运作模式。除普通散标投资项目外，还为用户提供拍活宝、彩虹计划两款理财产品，方便用户使用。

收益超活期 12 倍的理财通理财

理财通，是腾讯官方理财平台，是腾讯财付通与多家金融机构合作，为用户提供多样化理财服务的平台。在理财通平台，金融机构作为金融产品的提供方，负责金融产品的结构设计和资产运作，为用户提供账户开立、账户登记、产品买入、收益分配、产品取出、份额查询等服务，同时严格按照相关法律法规，以诚实信用、谨慎勤勉的原则管理

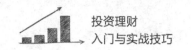
和运用资产，保障用户的合法权益。精选货币基金、定期理财、保险理财、指数基金等多款理财产品。可官网、微信、手机QQ三平台灵活操作，随时随地无缝理财。官网最高支持1000万额度。

理财通与多家基金公司合作，给用户更多元化的选择。理财通不直接提供金融产品，不参与投资，所以不承担风险。金融机构作为金融产品的提供方，负责金融产品的设计以及与购买理财产品的投资者签约履行投资管理服务，并进行资产配置。用户在理财通购买相关金融产品时，需要了解相关金融产品的投资风险，独立做出投资决策。

理财通可以使用多张银行卡购买，但只能转到一张银行卡内，且仅可使用安全卡赎回。安全卡可以保障理财通账户资金安全，理财通暂不支持支付与转账，理财通第一笔购买使用的银行卡将作为理财通安全卡，资金仅可使用此卡赎回。同时，理财通还将对安全卡进行24小时资金监控，确保资金账户安全。

2014年1月22日，腾讯理财通正式上线，已经上线的华夏基金旗下财富宝货币基金产品最近7日年化收益率为7.394%，超过余额宝目前的6.423%。截至2016年6月，理财通总用户数超过6000万，累计为用户赚了超过70亿元。

理财通平台金融产品类别主要有以下四种：

1. 货币基金

是一种可以随时申购赎回的基金产品，资产主要投资于短期货币工具（一般期限在一年以内，平均期限120天），如国债、央行票据、商业票据、银行定期存单、政府短期债券、企业债券（信用等级较高）、同业存款等短期有价证券。

货币基金整体流动性好于其他基金品种，快速赎回当天发起最快当天到账，普通赎回当天发起 T+1 日后到账。

货币基金投资安全性高，流动性强，收益稳健，出现亏损的可能性较小。但在一些情况下也可能会出现亏损风险，例如：投资的债券发生违约，不能偿付，可能产生亏损；多数用户同时赎回时，基金短期内需要大量现金兑付，集中抛售债券，可能产生亏损。其风险和预期收益低于股票型、混合型及债券型基金。

目前，理财通货币基金主要有华夏基金财富宝、汇添富基金全额宝、易方达基金易理财、南方现金通E四种产品供客户选择。

2. 定期理财

是指有固定投资期限的一种基金产品，一般为1~3个月，到期即可赎回。支持预约赎回，到账时间都为T+1。定期理财相对比货币基金可以获得更高收益，出现亏损的可能性较小。但在一些情况下也可能出现亏损风险，如：投资的债券发生违约不能偿付、市场利率上升导致债券价格下降时可能产生亏损。

目前，理财通定期理财主要有平安聚富季季盈第5期、民生加银理财月度、招商招利月度理财、银华双月理财等产品供客户选择。

3. 指数基金

是指由基金公司运作，以特定指数（如沪深300指数、标普500指数、纳斯达克100指数、日经225指数等）为标的指数，并以该指数的成分股为投资对象，通过购买该指数的全部或部分成分股构建投资组合，以追踪标的指数表现的基金产品。通常"指数涨基金涨，指数跌基金跌"。指数基金属于高风险产品，熊市和牛市差别很大，投资时需要判断自己的风险承受能力。

目前，理财通指数基金提供易方达沪深300ETF连接、嘉实沪深300ETF连接、工银沪深300指数、南方中证500ETF连接、华夏沪港通恒生ETF连接、易方达恒生中国企业ETF连接等产品供客户选择。

4. 保险理财

保险理财产品是由保险公司发行，受保监会监管的投资理财产品，

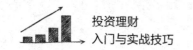
主要投资具有良好流动性的银行存款、短期债券、信用等级较高的类证券化金融产品以及保监会允许的其他投资产品。保险理财一般包括万能险、投连险、分红险、养老险等，其投资风险高于货币基金。

需要注意的是，保险理财不具备保险保障功能，仅作为投资者提供专业的投资理财服务，不具备医疗、意外、身故赔付等保险保障的功能。保险理财大多采用定期缴费，缴费满一定年限后，按定期的方式分期返还本息。

目前，理财通保险理财提供国寿嘉年天天盈、平安养老富盈 5 号、太平养老颐养太平 1 号等产品供客户选择。

京东小金库整合支付业务

早在 2013 年 7 月，刘强东就将金融事业部独立，形成网银在线、供应链金融、消费金融和平台业务四大板块，随后推出了京保贝和京东白条等互联网金融产品。

互联网金融的风生水起也极大地激发了货币基金的发展潜力，据基金业协会最新数据显示，2014年前两月，货币基金规模增长近7000亿元，整体规模已达1.4万亿元，占据公募基金管理总规模的1/4。目前，各大基金公司仍在趁热打铁，加紧与各种电商平台的合作，并逐渐适应"互联网速度"。以小金库对接的鹏华增值宝货币基金为例，采取了闪电募集的方式成立，仅在2014年2月24日发行一天便完成募集，当月27日正式公告成立。

2014年3月28日，京东互联网理财产品——小金库上线，作为京东金融平台的"开门红"，小金库对接的分别是鹏华增值宝货币基金和嘉实活钱包货币基金。从电商到金融，京东个人账户体系由此形成了完整闭环。此外，未来不仅有基金业务，还会包括信用卡业务、保险业务以及一些银行理财和个人贷款。小金库的7日年化收益超过5.6%，在互联网各宝的收益中处于中上游。

"小金库"是基于京东账户体系的承载体——网银钱包推出的，目的在于整合京东用户的购物付款、资金管理、消费信贷和投资理财需求。"小金库"将首先服务于京东1亿多的用户，并紧紧围绕京东自身的业务展开。

"小金库"首先将上线两款货币基金产品，分别为嘉实基金的"活钱包"与鹏华基金的"增值宝"。购买京东小金库相当于购买了一只货币基金。

京东"小金库"与阿里推出的余额宝类似，用户把资金转入"小金库"之后，就可以购买货币基金产品，同时"小金库"里的资金也随时可以在京东商城购物。京东"小金库"是京东金融集团为用户提供的个人资产增值服务，让用户的闲散资金也能获得高于普通储蓄的收益。

转入京东"小金库"的资金是购买了基金公司的货币基金。货币基金投资的范围都是一些高安全系数和稳定收益的品种，属于风险较低的投资品种，从历史数据来看，收益稳定风险极小。货币基金理论上存在亏损可能，请谨慎投资。收益计算公式如下：

收益＝（京东"小金库"内已确认份额的资金/10000）× 当天基金公司公布的每万份收益

京东"小金库"的收益是每日结算且复利计算收益，获得的收益自动作为本金第二天重新获得新的收益。

转入京东"小金库"的资金在第二个工作日由基金公司进行份额确认，对已确认的份额会开始计算收益，收益计入您的京东"小金

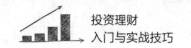

库"资金内,请在份额确认后的第二天15:00后查看收益。15:00后转入的资金会顺延1个工作日确认,双休日及国家法定假期,基金公司不进行份额确认。比如,周四15:00后转入的基金,基金公司下周一完成份额确认。

将资金转入京东"小金库"相当于购买货币基金产品。根据《财政部国家税务总局关于证券投资基金税收问题的通知》,对投资者从基金分配中获得的股票的股息、红利收入以及企业债券的利息收入,由上市公司和发行债券的企业在向基金派发股息、红利、利息时代扣代缴20%的个人所得税,基金向个人投资者分配股息、红利、利息时,不再代扣代缴个人所得税。

京东"小金库"的资金由华泰保险公司全额承保。京东"小金库"严格遵守国家相关法律法规,对用户的隐私信息进行严格的保护;京东"小金库"采用业界先进的加密技术,用户的注册信息、账户收支信息都已进行高强度的加密处理,不会被不法分子窃取到;设有严格的安全系统,未经允许的员工不可获取用户的相关信息;绝不会将用户的账户信息、银行信息以任何形式透露给第三方。

京东"小金库"认购门槛为1元,没有申购赎回费。根据基金行业历史经验,建议持有100元以上,可以有较高概率获得收益(若当天收益不到1分钱,系统可能不会分配收益,也不会累积)。

京东"小金库"转入嘉实活钱包,单日、单笔限额500万,单日无限次,每月无最大额度限制。京东"小金库"转入鹏华增值宝,单日、单笔无限额,单日无限次,每月最大额度限制为100万。

京东"小金库"提现至银行卡单笔限额为5万,单日限次3次,单日限额为15万,单月累计无限额。京东"小金库"转出至网银钱包单笔限额为5万,单日限次为3次,单日限额为15万,每月最大额度限制为100万。

"百问、百理"——百度金融

百度理财是百度金融旗下专业的互联网理财平台，目前包括活期理财、安心理财、成长投资、智能投资管家等核心服务。其中主打的活期与安心理财产品属于低风险产品，让用户能够安心理财，放心投资。此外，百度理财还推出智能投资管家服务，根据用户的个性化理财需求，智能推荐专业的资产配置方案，帮助用户合理管理资产流动、分散投资风险。下面主要介绍百度旗下主要理财产品：

1. 百赚

百赚是百度理财新推出的财富增值服务，是百度理财和华夏基金合作推出的一款理财产品（华夏现金增利 E 类）。该产品主要投资期限在 1 年以内的国债、央行票据、银行存单等安全性较高、收益稳定的金融工具，不投资股票等风险市场，与股市无直接联系，所以风险较低。

目前百赚支持 7 家储蓄卡的资金购买。1 元起投，投钱收钱不收取任何手续费

百赚属于货币型基金，风险低，收益率还是远高于银行同期存款利率，安全性有保障。

（1）百赚180天，是一款保本的保险型理财产品，由《华夏摇钱树两全保险（万能型，B款）》构成，持有满180天退出不收取手续费，180天内领取会有相应的费用扣取；目前只支持全部领取，不支持部分领取；

该产品保险期间为十年，保险期满前如不领取，可持续享受收益；没有任何申购费用，资金100%进入个人账户；保单生效之日零时起10个自然日内（含第10日）为犹豫期（各地如有特殊规定的，依照其规

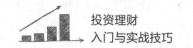

定），犹豫期内要求解除合同的，不收取任何手续费，退还所交全部保险费（无利息）；

持有该产品即将满 180 天时，可以在小金库中选择收钱至银行卡，并确认已上传身份证正反面照片或扫描件；或选择继续持有本产品并享受高收益，一直到保险期满，届时产品提供方华夏人寿会主动联系用户办理退出事宜。

根据监管部门的相关规定，为了资金安全，退保或全额领取需上传身份证正反面照片或扫描件。若身份证未上传，将影响办理相关业务（如撤单、退保等，身份证审核需 3 个工作日）。

（2）百赚 365 天，是一款具有理财功能的保险产品，是由"生命 e 理财年金保险（万能型）"构成，保险期间为终身，持有满 1 年后退保或者全额领取不收取手续费，一年内领取会有相应的费用扣取。

客户收到电子保单次日零时起十日内为犹豫期（各地如有特殊规定的，依照其规定），犹豫期内要求解除本合同，将全额无息退还已交保费；犹豫期后要求提前领取，如果持有本产品未满一年的，会按照账户价值的5%收取手续费。持有满1年全额领取不收取手续费。

若需提前退保，可拨打百度客服咨询退出事宜，并上传身份证正反面照片或扫描件。

该产品的最低保证利率为年利率2.5%，2015 年 7 月 13 日起购买百赚 365 产品的预期年化收益率为 7.680%。

（3）百赚利滚利版。百赚利滚利版背后是嘉实的一支货币基金。货币基金是一种较低风险投资品种，它有类似活期储蓄的便利和定期储蓄的收益（2012 年嘉实货币基金收益 4.16%），具有高流动性、高收益和高安全性的特性，被誉为"准储蓄"。货币基金主要投资银行存款和债券来获得存款利息和债券投资收益，不投资股票，风险较低。嘉实管理的嘉实货币基金自 2005 年成立以来，未出现过负收益。货币基金常用两个评估收益的指标，一个是每万份收益，另一个是七天年化收益率。货币基金购买和赎回均是按1元计价。

目前，百赚利滚利版对购买额是有限制的，每个账户每一天最多只能购买5万元。

2. 百发

百发其实并不是一个产品，而是一种互联网金融模式的创新，是一个组合形式的理财计划。百发理财产品属于货币型基金，主要的投资领域是一年以内的银行定期存款、银行大额存单、央行票据以及剩余期限在397天以内的债券，投资领域相对安全，风险较低。

投资者购买百发产品，只需要把钱从银行转账到百发即可，不收取手续费。资金可及时转账到绑定的银行账号，提现也是不收取手续费的。

百发是百度进军金融领域的重要一步，其推出时间要远远晚于其他互联网理财产品。有媒体报道，百度曾对证监会表示将拿出3亿元补贴消费者，所以这些补贴就是消费的保证。

（1）百发100指数，是百发系列指数中的第一支产品，全称为"广发中证百度百发策略100指数型证券投资基金"，是由百度公司、中证指数公司、广发基金管理有限公司三强合作编制并对外发布的互联网指数。百发100基金创新融合互联网、大数据与量化策略，是国内首支互联网大数据基金，为网民提供投资大数据获利机会。

百发100源于对互联网海量用户的搜索数据和用户行为数据的挖掘，百发100的成分股大多集中于基本面优良、契合市场或行业轮动特点等具有稳定业绩回报和投资价值的股票，其纯正的互联网基因为投资提供更精确的市场风向标。

百发100指数投资理财时机属于投资指数型证券投资基金。指数超额收益显著，投资增值成长性优秀；大数据技术结合量化投资策略，把握市场投资热点；指数实盘运行表现优异。

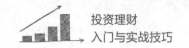

（2）百发精选，全称为"广发百发大数据策略精选灵活配置混合型证券投资基金"。10元起投。百发精选以中证800指数成分建立初选库，既涵盖中证500中小市值成长股，又囊括沪深300大市值价值股，样本均衡，长期领涨。结合百发大数据对高纬度、大规模的复杂数据优异的处理能力，精选出极具投资价值的个股，建立量化模型，实施对冲，快速适应市场变化，化解风险。

3. 百度理财 B

2013 年 10 月 28 日，百度理财平台的首款产品"百度理财 B"上市遭哄抢，10 亿元额度 4 小时售罄。

百度理财B和百赚不仅投资标的一样，而且都可T+0快速赎回。百度理财B对接的华夏现金增利E有额度限制，购买了百度理财B的用户就会拥有一个百宝箱。百宝箱奖励的多少跟投资者持有百度理财B的金额和时长有关。这意味着，如果投资者提前赎回百度理财B，会影响百宝箱里的奖励。

银行新理财逆袭互联网"宝宝"

自2013年上线以来，余额宝最高七日年化收益率一度接近7%，2014年其平均七日年化收益率也在4.83%左右，而据数据显示，2016年12月20日余额宝的七日年化收益率已降至2.78%，几乎被腰斩。不仅如此，理财通七日年化收益率也跌到2.76%。互联网"宝宝"收益持续下滑，各路"宝宝""跌跌不休"。

与之形成鲜明对比的是，薪金宝、活期宝、现金宝、平安盈、掌柜钱包、如意宝等各家银行基本上都推出了自己的"宝宝"，且与互联网"宝宝"们类似，都是货币基金，自由赎回，零手续费。银行系"宝宝"们收益也逐渐赶超互联网"宝宝"。目前，平安盈七日年化收益率有2.94%，掌柜钱包七日年化收益率有2.66%，如意宝七日年化收益率有2.72%。

在新的市场环境下，"互联网＋银行"不但帮助银行轻松突破了固有的业务和商业模式，使其具有"无限扩展"的可能。实际上，从安全性方面来说，以银行做背书的银行系互联网金融理财产品具有天然的优势。

1. 工商银行"薪金宝"

对接的是货币基金——工银薪金货币A，其主要投资短期货币工具，如国债、央行票据、商业票据、银行定期存单、企业债券、同业存款等。工商银行薪金宝的购买起点为100元，认购费、申购费、赎回费均免费。另外，工银薪金宝只能在工作日购买，赎回到账时间是T+1个工作日，比如今天15：00之前赎回，则明天24：00之前到账；如果是周五15：00后赎回，则下周二的24：00之前到账。

购买工银薪金宝之前需要携带身份证与工行储蓄卡到工行网点做一份风险评估报告，比多数互联网"宝宝"多了一道程序。

目前薪金宝有四条购买途径：（1）工商银行网点柜台；（2）工商银行多媒体自助终端机；（3）工商银行网上银行（需要U盾）；（4）工商银行手机银行（需要U盾）。值得注意的是，通过手机银行购买也需要通过U盾，如果用户之前用的是电脑与手机通用接口的U盾，则无须更换，但是如果接口不同则需要更换。

2. 中国银行"活期宝"

是中国银行推出的互联网理财产品，是中国银行旗下中银基金推出的一款货币基金产品。主要投资现金、通知存款、一年以内（含一年）的银行定期存款和大额存单；剩余期限（或回售期限）在397天以内（含397天）的债券、资产支持证券、中期票据；期限在一年以内（含一年）的债券回购、期限在一年以内（含一年）的中央银行票据、短期融资券，及法律法规或中国证监会允许基金投资的其他金融工具。收益远超

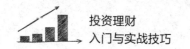

活期。从历史数据来看，货币基金收益稳定风险极小。

活期宝每日计算当日收益并分配，且每日进行支付。每日收益转为基金份额，滚动投资。1元起购，零手续费，无认/申购、赎回手续费。随时取现，可当天快速赎回（快速赎回暂只支持中行卡，单笔及单日上限均为30万元，7×24小时），即时到账，安全有保障，由基金托管银行对中银活期宝货币基金的资金实行全程监控，确保资金安全。

活期宝比较适合工薪族、理财新人等追求低风险收益相对更好的人群投资。

3. 交通银行"超级现金宝"

超级现金宝是交银施罗德基金网上直销提供的现金管理账户，充值超级现金宝即购买"交银现金宝货币基金A"。闲置资金存入超级现金宝，存取和活期存款一样方便，但收益远超活期。

超级现金宝可以当成活期用。支持7×24小时实时存取，取现1秒到账，实时取现额度最高达500万。每日计息分红，收益远高于活期存款。1分钱起存，存取零费用。

交银现金宝对接的是交银货币基金，由于货币基金主要投资流动性高、收益稳定的短期货币工具，不参与股票投资，因此风险低，历史上出现本金亏损的概率极低。

4. 平安银行"平安盈"

是平安银行通过与金融机构合作（包括但不限于保险公司、银行、基金公司、证券公司等），在互联网上通过财富e为投资者提供的系列金融产品服务。目前平安盈提供南方现金增利基金、平安大华日增利货币基金的快速转入及转出。

平安盈的收益远超活期，天天计算收益，月月进行分红，且分红免税收；投资起点更低，1分钱起购，转入与转出均不会产生任何手续费；需要资金时，可T+0实时转出，节假日也可实时转出，还可直接购买基金、理财产品、转账或信用卡还款；安全性好，主要投资短期货币工具，如存款、央行票据等，风险小。

5. 民生银行"如意宝"

是一款基于货币基金的互联网余额理财产品，主要对接货币基金——民生加银现金宝基金。民生加银基金成立于 2013 年 10 月，其作为民生银行控股的基金公司，是如意宝的主要货币基金提供方。货币基金不承诺保本，但实际上货币基金发生本金亏损的概率很小。

如意宝可以在民生银行网站平台上购买，具有鲜明的互联网理财产品的属性。1分钱就可起投、门槛低、自动申购、随用随取（T+0）等优势，可以为客户提供更加优质的投资理财服务，为客户余额理财、资产增值带来全新的体验。目前直销银行已开通并提供网站、手机APP、微信等渠道7×24小时服务，任意一张银行卡均可购买。未来，民生银行直销银行将持续推出理财、贵金属、小额消费贷款、公共缴费等产品，可满足客户多元化互联网金融服务需求。

6. 中信银行"薪金煲"

是中信银行于2014年推出的现金管理工具，是为客户提供的一项活期资金余额增值业务。中信银行借记卡客户开通薪金煲业务后，选择与指定基金公司货币基金绑定，可在原卡功能外增加货币基金投资功能，自动进行活基（活期+货基）申赎两变，满足ATM取款、转账、POS刷卡消费，自动关联还信用卡、房贷、车贷等支付需求。让用户享有活期存款的流动性及支付便利时，还有望获得更高的货币基金收益。

申请快速赎回基金份额，不享受当日损益，申请普通赎回基金份额，则可享受当日损益。每个开放日15：00前发起的有效主动转入（申购）份额将自下一个交易日起开始计算损益。投资者购买薪金煲，享受的收益实际为该货币基金产品的收益。货币基金收益并不稳定，因此薪金煲也不固定。

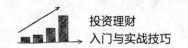
借助薪金煲，中小客户可以大幅提升对现金资产的管理能力，既享受到活期存款的便利，又可获得投资理财的收益。

7. 广发银行"智能金账户"

指广发银行与易方达基金合作，整合了储蓄账户、货币基金及信用卡三种金融产品，一个账户即可帮助客户实现现金管理、财富增值及信用卡便利支付的三重自动化体验。

客户只需在广发银行网上银行进行简单操作，在设定最低留存现金额度及最高扣款金额后，客户储蓄卡内该范围内活期余额都自动申购成货币基金，智能便捷。如客户遇到特定的资金使用需求，智能金账户内货币基金的赎回同样方便，仅需登陆广发银行网上银行进行简单操作即可，帮助客户真正实现收益性和流动性的有效平衡。

客户通过货币基金实现支付消费账单，在享受信用透支消费，确保准时还款的同时，通过把现金资产投资兼具高流动性和稳健收益的易方达货币A货币基金，可获得最高相当于活期存款的收益，由此实现"用银行的钱消费，用自己的钱投资"，让客户的活期资金获得最大效率的利用。

实物投资
实用与投资融为一体的投资方式

实物投资主要包括收藏品投资和房产投资。

民间收藏品包罗万象，不但具有一定的收藏价值，而且将自

己的藏品卖出去赚的钱还可以用于购买其他贵重物品，

可谓一举两得。时下房产已经成为最热门

的投资品，很多投资房产的人财富急剧增长，

这已经成为很多人暴富的捷径。

收藏：既怡情又增值的理财方式

> 现在，收藏正从怡情悦性的个人爱好向投资理财的行为转变。当代的收藏热，就是建立在收藏成为投资理财方式上的。虽然收藏有怡情悦性的作用，但对收藏者而言首先考虑的是增值保值的作用。

钱币：文化、艺术与收藏的完美结合

钱币作为法定货币，在商品交换过程中充当一般等价物的作用，执行价值尺度、流通手段、支付手段、贮藏手段和世界货币五种职能，这是钱币作为法定货币在流通领域中具有的职能。然而，当抛开其作为法定货币的角色，而作为一种艺术品和文物，钱币又具有了另一种特殊的职能——收藏价值。

李兴是一位钱币收藏爱好者，多年来一直对刀币收藏情有独钟。他手上的明字刀、尖首刀、针首刀、三字刀、四字刀、五字刀、六字刀、

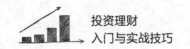

齐明刀、博山刀等种类的刀币已经成为藏友们热烈追捧的对象。

2012年中旬，李兴的儿子收到了哈佛大学的录取通知书，为了筹集学费，李兴一狠心将自己手上持有的刀币全部抛出，总共卖了近40万元。李兴用自己平时的闲散资金收藏刀币，在关键时刻却解决了儿子留学的资金问题，正所谓爱好理财两不误。

钱币收藏相对于其他理财产品而言，只适合做长线投资，不适宜做短线投资，这就需要投资者将长期不用的资金用来投资，否则，一旦需要应急资金可能造成很多不便。

其次，投资者还要选择具有升值潜力的钱币进行收藏，如具有历史意义、纪念价值、艺术气息的钱币。一般钱币图案不仅有代表性的历史人物图像，也有名山大川、风景名胜、国卉名花，这些艺术图案都是经过著名的艺术家群体反复揣摩、精心设计的，堪称一幅幅精美绝伦的艺术品，具有极高的艺术价值和欣赏价值。此外，从钱币身上，我们可以了解相应的政治、经济、历史、文化、艺术以及科技等很多方面的知识，也可以了解当时的社会经济情况、风俗人情，是研究社会历史发展不可多得的实物资料。

正因为如此，钱币市场的交易向来都是十分活跃的，但对于钱币收藏新手入市之前，首先要对钱币收藏行内的暗语有所了解：

行货：一般指"大路货儿"，也指艺术家或工匠为应付市场而批量生产的不精美的艺术品；

行里人：指专业从事人民币收藏的人员；

掌眼：是指水平一般的人购买收藏品时，邀请高明的人替自己把握一下尺度，以免走眼，也是藏友虚心请教的话语；

活拿：是指谈好价格，只能多卖钱，不能少卖钱，当时不付款，即必须保底，言必有信这叫"活拿"；

输：指亏本；

拿分：指币商收购的钱币能获得较高的利润，也叫"快货儿"；

打眼：指判断有误，买了假货；

漏儿：指币商购买钱币时，卖主不懂，好东西未被重视，行市也不明，因而拣了便宜。买东西的人是"捡漏儿"，卖东西的人是"卖漏"了；

方：指人民币万元；

吊：指古代制钱一千枚为一吊，现指千元；

一张：指钞票载体的数量单位，而不是货币数量。20世纪80年代，一张指十元，现在指百元。

在知晓了钱币收藏行内的暗语之后，就可以进入钱币投资市场奋力一搏了。当然，投资者将钱币作为投资对象，既可能盈利也可能亏钱。那么如何才能有效降低投资风险，提高自己的投资收益呢？

1. 看清大势，不要存在投机心理

钱币收藏是一种志趣高雅的活动，收藏之道，贵在赏鉴。钱币收藏者要有平常心态，放下趋利心态，将钱币收藏的重点转移到观赏、把玩、研究、交流上来，提高钱币收藏的品位，养成宁静、淡泊的品性，摆脱铜臭的困扰和烦恼，从而感悟收藏的真谛。

2. 学习有关钱币的知识，提高钱币鉴赏能力

了解掌握一定的钱币知识是钱币收藏者的必修课和基本功。钱币收藏者要不断学习有关钱币的知识，提高钱币鉴赏能力，了解和熟悉历代钱币的形制、材质和钱文书体的变化，并知晓古今钱币造假制假的种种手法，发现假币的种种破绽。有下列学习的途径：一是向书本学，购买有关钱币方面的书籍资料；二是从实践中学，多接触钱币实物，细心揣摩，进行分析比较和把握；三是要向专家请教；四是经常与藏友交流，互相切磋，共同提高。

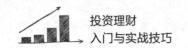

3. 钱币收藏的重点是研究精品

古今钱币纷繁浩瀚，品种极多，仅人民币就有纸币系列、普通流通纪念币系列、贵金属纪念币系列，它们之下又可分若干系列。所以，投资者必须根据自己的财力和爱好，有选择地加以收藏，最好是少而精，成系列收藏。钱币市场短期价格的高低受较多因素影响，但长期价格走向是由其内在价值决定，即题材、制造发行量、发行时间长短等综合因素决定。

4. 钱币收藏不要冲动

钱币收藏一看真假，二看品相，三问价格。切忌头脑发热，感情冲动，如果卖家看你势在必得，无疑会坐地起价，让你的收藏成本大大增加。

纪念币：投入低、风险小的收藏品

纪念币，是一个国家为纪念国际或本国的政治、历史、文化等方面的重大事件、杰出人物、名胜古迹、珍稀动植物、体育赛事等而发行的法定货币，包括普通纪念币和贵金属纪念币。特点是质量精制，限量发行。其中，贵金属纪念币理论上是可以参与流通的，具有流通手段职能。纪念币的作用主要是满足公众的收藏要求，而不是用于流通。特定主题和限量发行是纪念币的主要特性。

我国纪念币是法定货币，具有特定主题的，是由国家授权中国人民银行指定国家造币厂设计制造的，由国家银行统一计划发行。我国纪念币通常是为了纪念我国重大政治历史事件、传统文化等有特殊意义的事物而发行。普通纪念币与市场上流通的同面额的人民币价值相等，可以同时在市场上流通。

　　纪念币可分为贵金属纪念币和普通纪念币两类；普通纪念币包括普通金属纪念币和纪念钞。

　　普通金属纪念币，又可分为普制币和精制币。普通纪念币的材质是用于印刷钞票的纸张或铸造普通硬币的金属，面额表明其法定价值，题材多以中外重大事件、节日、纪念日和珍稀动物为主，这种纪念意义要通过图案的寓意、文字的表达来充分表现出来。发行后，在市场上可以与其他流通人民币等值流通，其面额记入市场现金流通量，成为货币供应量的一部分。因而，流通纪念币首先是法定货币，可与普通纸质人民币一样等值上市流通。面值有壹角、壹元、伍元、拾元等。

　　在题材选择上，流通纪念币突出重点，自成系列。就题材而言，突出了重大历史事件、杰出人物及特别重要的现实事物。这些纪念币还构成了系列，如伟人系列、国庆系列、体育系列、自治区成立系列、特别行政区成立系列、珍稀动物系列等，从一个侧面反映了我国的政治、经济、文化、体育、科技等方面的情况。

　　贵金属纪念币常见的有金币、银币、铂币、钯币等贵金属或其合金铸造的纪念币，材质多为金、银等贵重金属。题材广泛、工艺考究、观赏性强，且多为成套分组发行。币形亦有圆形币、方形币、彩币和扇形币，面值多为伍元、拾元、叁拾元、伍拾元、壹佰元、伍佰元、壹仟元等，这种币的发行价一般都等于面值的几十倍或上百倍。因此，面额只是象征性的货币符号，并不表明其真实价值，不能流通，其面值不记入市场现金流通量。

　　纪念币在作为充当一般等价物的特殊商品的同时，还具有较高的收藏、保值和投资价值。

　　对纪念币收藏爱好者而言，收藏纪念币应从自己的经济能力出发，量力而行，先易后难，先从最近发行的纪念币入手，最好还要买本纪念币收藏册，每购一枚都应及时放入收藏册内，放在通风、干燥处收藏，

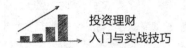

以防钱币氧化。

如不慎汗渍污染币面，贵金属纪念币的保养方式与一般处理方式不同，尤其需要注意：

（1）金币的清洗方法：将其放在温肥皂水中清洗干净，然后用清水冲洗，放在两块柔软的布中吸干水分即可。

（2）银币的清洗方法：可用氨水溶液加碳酸钠溶液和牙膏调制成糊状来清洗，或用食用白醋兑少量水，将银币放入溶液中浸泡几分钟，也可用棉球沾溶液轻轻擦拭币面，待币面氧化层溶解后，用清水冲洗干净即可。

邮票：方寸之间的文化收藏

邮票是邮政机关发行，供寄递邮件贴用的邮资凭证。邮票是邮件的发送者为邮政服务付费的一种证明，发送者将邮票贴在信件上，再由邮局盖章销值，以用于邮件被寄出前，证明寄邮人已支付费用。邮票的发行由国家或地区管理，是一个国家或地区主权的象征。邮票的方寸空间，常体现一个国家或地区的历史、科技、经济、文化、风土人情、自然风貌等特色，这让邮票具有除了邮政价值之外还有收藏价值。邮票也是某些国家或地区重要的财政来源。收藏邮票的爱好叫集邮。

随着当代盖邮戳机的应用与电子邮件的迅速普及，邮票的使用量在不断减少。即便如此，世界上每年使用的邮票还是数以十亿计的。

收藏者是邮票的一大主顾，为了迎合这些用户，邮政当局发行了很多纪念邮票。邮票投资具有资金多少皆宜、市场操作简单等诸多优点。邮票作为收藏投资，在收藏的同时，还能开阔眼界，你能从中学到很多东西，而且随着近几年邮票市场的复苏，其投资前景无疑非常乐观。

在读初中时，申悦就对集邮产生了兴趣，那时他只是收藏一些普通邮票。工作之后，随着收入的逐渐提高，他发现邮票也蕴藏着巨大的升值潜力，因此他计划提升自己收藏的邮票品质。

一个周末，他在逛邮票市场的时候发现了一枚"80版生肖猴票"，店主告诉他这枚邮票要2000元。申悦按捺不住心中的激动之情，他知道现在这枚邮票的市场价值至少在5000左右。但他还是刻意按捺住激动的心情，与店主讨价还价，最终以1800元的价格成交。申悦兴奋地拿起邮票就往家走，他心想，这次可是遇到了好东西，而且还这么顺利，以后多来邮票市场转转，不就可以大赚一笔了吗？

但是这种兴奋并没有维持多久，当晚他把邮票拿给藏友看的时候，就有人指出这枚邮票的印刷似乎有些不对劲，申悦也起了疑心，第二天他就把邮票拿去进行了鉴定，谁知结果竟然是一枚赝品。

申悦顿时懵了，他怒气冲冲地去找那家店主，但店主却死不认账，还挖苦他道："1800元还妄想买猴票，这样的价格你有多少我收多少！"申悦只好吃了哑巴亏。经过这次的教训，申悦才知道自己对邮票的认识不够深，要想在收藏这条路上继续走下去，还必须多学习相关的专业知识。

从这以后，申悦加了很多邮票收藏爱好者的群，还经常浏览相关论坛，不断加强学习。直到2002年，他发现生肖邮票逐渐呈现出上升的势头，他开始留意起市场中关于生肖邮票的行情。

2004年1月5日，为了迎接"甲申年"的到来，国家邮政局发行了甲申年特种邮票。在摸清了市场行情以后，申悦认为这种邮票价格偏低，风险相对也比较小，而发行量小，今后升值的潜力也很大。于是他投入1万元购买这种邮票。这次他的判断是正确的，就在3月下旬，他手中的"甲申年"邮票就升值到每枚30～40元的价格，全部卖掉，获利超过了18万元！

投资邮票之前，一定要学会一些相关的专业知识，因为收藏邮票对于投资者的专业知识要求较高，应学会怎样辨别真假邮票、如何选择具有潜力的邮票等。

当然，集邮的范围是很广泛的，除邮票之外，与"邮"字有关的封、简、片、戳、卡及集邮文献、邮政用品等，都可列为收集的范围，特别是各种实寄封要注意收集，它是组成邮集不可缺少的邮品。邮票的收集方式主要有如下几种：

（1）收集未使用的新票。这是一种最常见的方式。比较方便，没有什么难度，经济负担不大，可以慢慢收集。如果平时没有时间在发行新邮票之日去买，可以每年买1本年册，这种装入定位册的邮票，既便于收藏保管，册子上又有邮票名称、发行日期、全套枚数、齿孔度数，以及邮票图案内容简介。

（2）收集盖销邮票。这是邮票公司为初集邮者发售的较廉价的邮票。是将未使用的新邮票用邮票公司特备的邮戳盖销。其售价大约是新票的1/3左右。较高等的集邮家一般是不收集这种邮票的。这种盖销票在二十世纪五六十年代广泛被人收集，目前发行的新邮票已很难见到盖销票了。

（3）收集使用过的旧票。这是一种较普遍的收集方式。它不用花太多钱，只是要费很多工夫去收集。其中有些高面值邮票在国内很难找到，到邮票市场去买也不便宜。有人认为，使用过的旧票盖的戳越小越好。其实不然，首先应该要求邮戳盖得清晰，还要完整地包括时间、地点，便于以后研究邮史时使用。

（4）收集混合票。有些初集邮者为欣赏邮票图案，收集时不管是盖销票还是实用票，只要凑成一套便可以了。混合票又有几种方式：新盖混合、新旧混合、盖旧混合。不管是哪种方式，反正都凑成套了。这种方式不但在初集邮者的邮集中普遍存在，就是在某些集邮家的邮集中也存在。

（5）收集一新一旧。若只收集一套未使用的新邮票或实用旧票（盖销票）后，仍未满足收集者的爱好，可以新旧两者各集其一。因为有些邮票的新票与旧票难度各不相同。

（6）收集四方连邮票。收集四方连邮票，又可分为收集新票四方连、盖销票四方连及实用旧票四方连。其中以新票四方连最易于获得，实用旧票四方连的收集难度最大。

（7）收集一个单枚票、一个方连票。这种方式又可分为收集新票和新方连、旧票和旧方连。目前日本邮票商还为这类收集者专门印制了贴票册。这种收集方式逐渐被更多的集邮者接受。

（8）收集一票一封。每收集一枚邮票，还同时收集一个贴有这枚邮票的实寄封（最好是首日实寄封）。

（9）收集一票、一方连、一首日封。就是收集一枚邮票、一个四方连邮票和一个首日封（实寄或不实寄）。

（10）收集整版票。有些集邮者经济力量较强，专门喜欢收集整版的邮票。

当然，邮票的日常保养也是十分重要的。收藏邮票一定要使用干燥的小护邮袋，小玻璃瓶，或者是干燥的集邮册，一般而言，集邮册和护邮袋比较常用。

邮票应放在干燥且通风的地方，并且要持直立状态。邮票整理摆放时，一定要用镊子，切记不可直接用手去摆弄邮票，因为手上有汗，会留下手印或污染邮票。如果不小心用手接触了邮票，使邮票上出现了指纹或者油印痕迹，就要用脱脂的棉花棒蘸少许汽油或酒精轻轻擦拭，需要注意的是，擦一下就要换一个棉球，这是为了防止把棉球本身沾上的油迹再粘到邮票上，当痕迹差不多擦干净了，用清水漂洗一下，最后把它放在吸水性好的纸张上吸干。

随着时间的推移，有些邮票难免会出现黄斑，破坏邮票的品相，此时可以把出现黄斑的邮票放入加入少许盐的热牛奶中浸泡一个多小时，

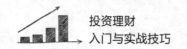
让整张邮票全部浸入，然后取出用清水漂洗一下，黄斑基本上能够消失，然后再将邮票放在吸水纸上晾干即可。

奇石：抗通胀的投资品新宠

奇石，指形状不一般的石头，其材质、造型、色彩及花纹不同寻常，能够满足人们的猎奇或审美习性，可供观赏把玩，或者出于赏玩目的的买卖经营。奇石的基本看点和主打卖点是一致的，皆属自然天成。奇石在我国历史上又称为怪石、雅石、供石、案石、几石、玩石、巧石、丑石、趣石、珍石、异石、孤赏石等。

奇石不仅需要具备天然性，还要具备自然性，简单地说，就是石头未经过任何人工雕琢、修饰或人为加工合成。奇石奇在每一件都是绝无仅有，它集天然性、唯一性、稀缺性、艺术性、不可再造性于一体，世界上其他任何物品都很难同时达到以上条件。

奇石是不可再生性资源，受产地和存世量的局限，有枯竭的客观性存在，所以价值只会上升不会下降。再加之赏石可以反复消费而没有损耗，随着时间推移更能增值，可以代代相传，分享千年。奇石所代表的精品传统文化在一定程度上体现收藏者高品位的层次、涵养和格调，因此被许多成功人士所青睐，进而推动了奇石价格的上涨。于是从古到今，上至达官贵人，下至黎民百姓，爱石者甚多。

奇石的种类如下：

（1）雨花石。是观赏石中的佼佼者，亦是江南三大名石之一，为历代的名流贵族所喜爱。雨花石之美美在质、色、形、纹的有机统一，世界上诸种观赏石以此四者比较，没有能超过雨花石的。

（2）田黄石。是印材中的珍稀、绝品石种。属叶蜡石，产自福建省州市寿山乡，1000年前即有开采。至明、清两代，田黄石称名于世。田黄石有桔皮黄、枇杷黄、鸡油黄、黄金黄、熟粟黄等色别，尤以桔皮黄为上品。此外，还有田白、田红、田黑、田绿数种。因田黄石弥足珍贵，历来不少古董商人及文物贩子以各种黄石稍事加工而充之，殊不知田黄石存在着一种他石没有的特征，即半透明状的石肌里，隐现萝卜纹，或叫"瓜瓤纹"，其色外浓而淡，间有红色水格纹，故有"无纹不成田""无格不称田"之说。

（3）鸡血石。为印材中的霸主，价值不低于田黄石。鸡血石要求血色要活，并要融于"地"之中。其次红色要艳、要正，浅色、发暗都不是佳品。再次，血色要成片状，不能成点散状或线状、条状。还要求鸡血石质地温润无杂质，色纯净而柔和。

（4）青田石。产自浙江省青田县山口镇，故将其称之为"青田石"，属于叶蜡石的一种，是一种变质的中酸性火山岩。主要矿物成分为叶蜡石，还有石英、绢云母、硅线石、绿帘石和一水硬铝石等。岩石的色彩与岩石的化学成分有关，当三氧化铁含量高时，呈红色，含量低时呈黄色，更低时为青白色。岩石硬度中等，玉石含叶蜡石、绢云母、硬铝石等矿物，所以岩石有滑腻感。青田石的名品有灯光冻、鱼脑冻、酱油冻、风门青、不景冻、薄荷冻、田墨、田白等。

（5）泰山石。产于泰山山脉周边的溪流山谷，其质地坚硬，基调沉稳、凝重、浑厚，多以渗透、半渗透的纹理画面出现，以其美丽多变的纹理而著名，泰山石以其古朴、苍劲、凝重的格调名扬海内外，又加上民间有泰山石能避邪、镇宅等传说，开始远走他乡，泰山石中的"文字石""数字石""人物石""天文地理""山水景观""花鸟鱼虫""十二生肖"等，或凸或凹，或动或静，龙蛇飞舞，千变万化，包罗万象，还原了大自然景观。

（6）太湖石。又称贡石，久负盛名，它是一种被溶蚀后的石灰岩，

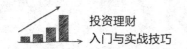

经风化作用形成千姿百态、剔透玲珑的石头。以长江三角洲太湖地区的岩石为最佳。太湖石是我国园林的奇葩，具有悠久的历史和极高的观赏价值，在北京、苏州、杭州、上海、南京等地都有太湖石装点的园林。

（7）三峡石。长江三峡既是一座天然地质博物馆，又是一座天然奇石艺术宫殿。三峡石来自该区古老的前震旦系变质岩、沉积岩和前寒武纪侵入的花岗岩。三峡石奇形怪状，抽象奇巧，或状人类物，惟妙惟肖；或色泽艳丽，自成画卷；或金光闪闪，令人目眩；或花纹交叉，成为文字……1992年11月，李鹏总理视察三峡工程时，观赏了三峡奇石，题字"中华奇观"四字，对三峡石作了很高评价。

（8）黄河石。黄河地域辽阔，地质条件复杂多变，形成了种类繁多的黄河奇石，在黄河的洛阳段，聚集形成了众多的河床卵石与卵石滩，卵石大小不一，颜色多样，其中以"日月星辰石"最为名贵，其色彩艳丽，并呈圆形点状图案，涡纹线条、酷似日月星辰，是难得的奇石珍品。

（9）菊花石。是由于石头中有似菊花形态的放射状矿物而得名，距今已有二百多年的开发历史。菊花石由花蕊和花瓣两部分组成，花蕊为晶粒状集合体，花瓣为长短不等的斜方柱状天青石集合体，花瓣以花蕊为中心，向三度空间做放射状排列，组成以菊花状为主的各种形态的花朵，最大者直径达30厘米，最小者为3厘米，一般10厘米左右。菊花石周围的基质岩石为灰岩或硅质砾石灰岩，灰岩中偶尔含有蜓类、腕足类珊瑚化石，给菊花石增添了生命活力。我国是世界上绝无仅有的出产菊花石的国家。

（10）红河石。红水河是广西著名的滩多流急的大河之一，具有良好的奇石产生环境。红河奇石提供品种丰富的观赏石资源，柳州、南宁、桂林是红河石的主要集散地，"柳州石玩天下奇"声誉鹊起。红河石得益于大自然"鬼斧神工"创造的形象美、色彩美，含蓄美，使其身价百倍，为国内外爱石者所争购。红河石多以产地定名，天峨石、都安石、合山石、来宾石等，都是红河石的石源。

（11）璧石。灵璧县位于安徽省东北部，古称"零璧"，后因盛产"灵光闪烁，色如璧玉"的佳石，于宁代政和七年（公元1117年）更名为灵璧，其石亦称灵璧石。"玉质金声""金声玉振"的灵璧磬石，早在3000年前的殷代，即成为当时重要的乐器——特磬。据《云林石谱》载，灵璧石"或成物状盛成佛像，或成山峦峰崖，透空多孔，有婉转之势，可成云气，日月佛像或状四时之景"。

（12）英石。广东英德地区岩溶地貌发育，英石实为裸露的石灰岩，经长时间的风化溶蚀作用而形成形态奇异、千姿百态的石体。英石园林与英石盆景是英石传统开发的两大拳头产品，品种繁多的英石及其丰富的蕴藏量，已成为英德市的一棵巨大的摇钱树。

（13）风棱石。在我国内蒙古、青海、新疆等省区的戈壁荒漠区，因风蚀作用发育，地面流沙的旋磨把沙漠中的大石子磨光成带有独特外形的风棱石，以硬度大、均质的硅质岩为主，颜色五彩缤纷。风棱石一般归属造型石类，因风蚀作用，大多数棱角明显，嶙峋峥嵘，锋芒毕露。现今风棱石在国内外市场上十分抢手，价值也连年上升。

（14）大理石。既是一种建筑材料，又是很好的观赏石，它是一种变质岩石。大理石品种主要有云石、东北绿石和曲纹玉。常见的大理石大多已锯截，磨琢成建筑材料，或做装饰的屏风、器具、文玩等。在天然大理石开采后，只要对断面和锯截角度恰当选择，再经加工琢磨，石面上显出的花纹常具有中国山水画特色，云山雾绕，变幻无穷，极具观赏价值。

奇石的高下优劣可以按照一定的评价标准来衡量。这里既有统一而概括的普遍标准，也有按不同类别、不同石种进行同类对比的分类标准。同时，由于各石种的形、色、质、纹等观赏要素和理化性质互不相同，风格各异，因而它们的欣赏重点和审美标准也有所区别，评品单个供石时尤其需要注意。

奇石是自然的产物，赏鉴不能墨守成规、一成不变，即所谓"大匠能授人以规矩，不能使人于巧"也。因此，鉴赏奇石可依据下列十条评判标准：

（1）皱：皱纹，是赏石在成型初期因自然收缩或经自然水流、风沙冲刷而形成的一凹一凸的条纹。

（2）漏：赏石有孔或缝，使水或其他物体能滴入、透出或掉出。

（3）瘦：（跟胖或肥相对），是指赏石的形体或某一部分窄小或单薄。

（4）透：特指赏石的穿透、通透、通空灵巧等。

（5）丑：丑陋，难看。特指赏石怪异，与众不同。

（6）色：色彩、颜色，指赏石原本具有的天然色彩和光泽。

（7）质：性质、本质、品质，特指赏石的天然质地、结构、密度、硬度、光洁度、质感等，也指赏石的质量和大小。

（8）形：形态、形状、结构状态等，这里特指赏石的天然外形和点、线、面组合而呈现的天然外表。

（9）纹：纹理、痕迹，指赏石表面呈线条、图案的花纹。

（10）声：声响、声音，指赏石通过叩击或摩擦振动所产生的声响和声音。

连环画：具有浓郁传统特色的艺术收藏品

连环画又称连环图画、连环图、小人书、小书、公仔书等。连环画是一种古老的汉族传统艺术，在宋朝印刷术普及后最终成型。以连续的图画叙述故事、刻画人物，这一形式题材广泛、内容多样，是一种老少皆宜的通俗读物。

在连环画繁荣的历史时期，人们的娱乐生活相对简单，连环画寓教于乐的方式成为许多青少年乃至成年人重要的读物。由于连环画的艺术表现形式多样，题材具有中国汉族传统文化和一定的历史时期特色，使其与其他国家的漫画作品有着很大的区别，具有独特的艺术表现力。

20世纪60年代，彩色图书还很少，大都是黑白小人书，那时的小人书创作水平很高，尤其是那些古典名著连环画，用白描勾勒出古代仕女或武将，非常传神；而那些反映外国民间故事的插图也都十分精美，堪称经典。

1949年后连环画发展进入高潮期。这时的小人书大多以土地改革、爱国增产、抗美援朝、宣传宪法、婚姻法等国家大事为题材。一些古典名著、历史故事、民间传说的古典题材小人书也以质优而受读者欢迎，代表作有《三国演义》《水浒》等。

连环画的黄金时代在五六十年代。这个时期，精彩纷呈的连环画作品争相问世，连环画界有"四大名旦"（沈曼云、赵宏本、钱笑呆、陈光镒）、"四小名旦"（赵三岛、笔如花、颜梅华、徐宏达）、"南顾北刘"（顾炳鑫、刘继卣）之称。赵宏本、钱笑呆的《孙悟空三打白骨精》雅致细腻、栩栩如生；杨逸麟的《青春之歌》色彩鲜明、独树一帜；聋哑画家毅进的《钢铁是怎样炼成的》笔触生动、振奋精神；贺友直表现湘西农村题材的长篇连环画《山乡巨变》被誉为"中国连环画史上具有划时代意义的作品"。

"文革"时期还出现了众多的改编题材的"文革"连环画，如《林海雪原》《毛主席的好战士——雷锋》等。"文革"时期出现的连环画带有鲜明的"文革"特征（如扉页印有毛主席语录等），遵循"三突出，红光亮"的原则，这一时期的作品称为"'文革'连环画"，其中八大样板戏称"'文革'样板戏连环画"。

1970年开始，小人书的创作出版又形成了高潮。《鸡毛信》《小骑

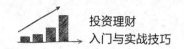
手》等受到了读者的喜爱。

1978年后，中国的建设开始全面恢复，连环画发展进入鼎盛期。十一届三中全会后，除去《人到中年》《蒋筑英》等现代题材外，像《东郭先生》《杨家将》等书创下了出版发行的纪录。这期间连环画的题材更加广泛，各国文学改编的连环画层出不穷。

20世纪90年代以来，连环画风光不再，越来越走向"文物"，成为继钱币、瓷器、邮票、古玩之后的第五类热门收藏品。1999年在武汉举办的一次拍卖会上，一套20世纪60年代出版的四册装连环画《山乡巨变》从当初定价的0.94元飙升至4900元成交，40年升值5000余倍；2008年举办的连环画精品收藏拍卖会上，以民族故事为题材的连环画《布克奇传》以9680元成交；2012年在上海国拍第四届连环画拍卖会上，登场的560种近千册连环画拍品成交率高达97%，其中上海世界书局1927年6月初版全套24册（连函套）《三国志》以2.3万元成交。

如果喜欢小人书，并准备投资收藏的话，就需要对它有更深层的了解。因为不是所有的小人书都具有收藏价值和升值潜力。

1. 名家名作是首选

因为小人书不仅是一种大众通俗美术读物，也是一种绘画艺术品。许多优秀作品都是当代的绘画大师创作的，如刘继卣的《武松打虎》，王叔晖的《西厢记》《生死牌》，陈缘督的全套《水浒》等。这些作品的内容丰富、健康严肃，具有很高的收藏价值。刘继卣的《鸡毛信》《东郭先生》，王叔晖的《西厢记》《孔雀东南飞》，程十发的《胆剑篇》《孔乙己》《阿Q108图》，刘旦宅的《屈原》等也很有收藏价值。还有许多老画家，如赵宏本、钱笑呆、陈光镒、张令涛、水天宏等，他们靠自学成才，画风严谨，线条优美，透视感强，作品同样受到称赞。

2. 看绘画技巧

一部深受绝大多数读者的欣赏佳作，应该是绘画精细、手法娴熟，图中人物、情景、道具均能给人以栩栩如生、呼之欲出之感，此类连环画最受藏者器重。

3. 看是否获奖

连环画全国范围的评奖在"文革"前后共进行过四次，首届评出一等奖《孙悟空三打白骨精》等6部，二等奖《东郭先生》等12部，三等奖《杨门女将》等35部；二届评出一等奖《十五贯》等5部，二等奖《海瑞罢官》等72部；三届评出绘画荣誉一等奖《罗伦赶考》等4部，二等奖《嘎达梅林》等4部，三等奖《红旗谱》等15部，绘画创作一等奖空缺，二等奖《贵妇还乡》等31部，三等奖《幻灭》等31部；四届评出一等奖《地球的红飘带》等3部，二等奖《乾隆与香妃》等12部，三等奖《望夫石》等15部。此外，还有套书奖、封面奖、脚本奖等，这些作品有的以不同开本的单册出版，有的是系列套书中的一册，还有的刊在《连环画报》《故事画报》等各类期刊上，它们是连坛精华，是藏家收集的热门。

4. 出版年代

特别是指 1965 年以前出版的。老版小人书的存世量十分有限，品相好的更是凤毛麟角。二十世纪七八十年代的作品也已经引起了收藏者的广泛关注。可见，越早期的作品，存世的机会越少，也就越显珍贵。

5. 专题、套书

成套的连环画有不少是陆续出版的，因印量和发行区域不是很均衡，往往造成各地此少彼多或彼少此多，甚至连出版地都奇缺，如福建版的《通俗前后汉演义》、曲艺版的《兴唐传》、上海版的《东周列国》《成语故事》，天津版的《聊斋》《宋史》等都有此类现象。一套书中，如果缺了其中几本，就会使藏值大打折扣，所以，藏者为了配到缺本，经常要全国范围地联络，互通有无，有的要出价几十或上百元才能如愿。

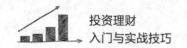

6. 看开本

连环画有64开、48开、32开、24开、16开等几十种开本，48开以上版本的连环画绝大部分发行量比较小，有的甚至只发行了一千册，非常难觅，必然要珍稀一些。最常见的64开本，发行量基本都在几十万册以上，流行较广，因此，同类的书，价值也就不如前者。一般来说开本越大，价格越贵。

7. 看印刷数量

20世纪80年代以前没有知识产权和版权法规，出版秩序混乱，一部作品问世，任何人都可以仿造印刷，有连友做过统计，仅《三国演义》连环画就有三十个以上的厂家印刷。在当时，一部作品的印量在百万册以上是常见的，多的甚至要超过几千万册。印数多，也就意味着留世的多，"物以稀为贵"，故价值不会很高。反之，则必然抢手。

8. 看流通量

有的连环画虽然发行了六七十万册，但由于种种原因，大量的连环画被销毁，使不少作品成为绝版，这也是连环画升值的关键点。

9. 看制书质量

总的来说，"文革"前或"文革"当中的连环画印刷普遍比较精美，线条清晰，字迹端正，封面色彩饱满艳丽，装订整齐，惹人喜爱。80年代以后，市场经济逐渐启动，有些印刷厂只注重快产快销，印刷、装订都比较粗糙，这类书往往不被看重。

10. 看品相

连环画历经坎坷，幸存下来的有相当一部分已有不同程度的残损、涂抹、霉变等，这种情况使连环画的欣赏价值不尽人意，所含的霉菌还会影响人的身体健康。所以，同样的书，品相新的要比旧书价值高出几倍以上。

房产：不动产投资的王道

　　国人素来讲究衣食住行，现阶段温饱问题早已解决之后，房子就成了多数人心中的那块大石。2016年10月1日，在号称史上最严厉的房地产调控政策的重压之下，不少房产商已经嗅到了危机的气息，蚁族和房奴们又嗅到了怎样的味道呢？

买房还是租房呢

　　在我国的房地产界和银行界中，一个这样的故事广为传播着：一个中国老太太，60岁时终于挣够了钱买了一套房子；一个美国老太太，60岁时终于还清了购房的货款，而她已经在自己的房子里面住了30年了。这个故事无疑带给人们很多的思考。

　　近年来随着房地产市场形势的突变，房价节节攀升，犹如吸收了充足雨水和营养的竹子一样节节攀升，买房子对大多数人来说已经不是那么容易的一件事了。因此，究竟是买房还是租房，已经成为无数年轻人面临的两难问题。

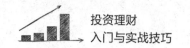

在传统观念上，如果有人问你租房合算还是买房合算时，大多数人的回答可能都是："有钱，当然是买房合算。""租房子就像为别人打工，而贷款买房则是为自己打工。"谁不想拥有真正属于自己的一个避风港，一个温馨的小窝呢？租来的房子毕竟不是自己的家。

显然，置业是我们的传统，如果你家庭稳定，未来几年要承担的经济压力不大，自己的积蓄可以付得起首付，那么可以考虑按揭供房。

小高和妻子同在一家电子工厂上班，每月工资共6000元。婚后，两人商议在银行办理了10年期限的按揭供房手续，购买了郊区的一套总价60万元的房子，在交付了20万元的首付款之后，每个月月供4500元。这样夫妻两人的收入在扣除掉一定的生活费用后，刚好够支付每个月的月供。

一年后，妻子怀孕了，由于身体不好，只能辞掉工作回家待产。这样，小高的家庭收入来源一下少了一半，随着孩子的出生，支出却多了起来，这使小高的生活入不敷出，有时甚至要借钱才能还房贷，沦为彻底的"房奴"。

生活中类似的情况并不少见。选择供房就意味着在接下来的若干年内，需要面对的就是每个月要承担数千元的月供，各种生活开支就会大部分被压缩，而且收入一旦出现变动，就会给生活带来极大的困扰。

正是出于这方面的担忧，有些人认为"买房的话，只能是为银行和房地产商打工，天天担心有特殊事情花费，月月都为房子的月供发愁，整个人都被金钱和房子奴役了，这种生活真的很累，精神压力也太大了"，于是考虑租房。

其实，租房的生活更灵活，可以随心所欲地租住自己喜欢的地方，而且目前的租金水平也不高，相比买房负担要轻很多。当然，对有购房能力而暂时不买房的人来说，他们之所以敢于跳出固定思维模式，是因为他们往往能够发现更好的投资渠道，从理财角度出发，这也有合理的一面。

　　那么，哪些人适合租房，哪些人又适合买房呢？租房或买房，到底哪个更合算呢？

　　适合租房的人群主要分为三类：一是初入职场的年轻人，特别是刚毕业的大学生，经济能力不强，选择租房尤其是合租比较划算；二是工作流动性较大的人群，如果在工作尚未稳定的时候买房，一旦工作调动，出现单位与住所距离较远的情况，就会产生一笔不菲的交通成本支出；三是收入不稳定的人群，如果一味盲目贷款买房，一旦出现难以还贷的情况，房产甚至有可能被银行收回。

　　有专家算过一笔经济账，以现在的房价，在北京东五环的位置买一套价值200万元左右的房子，首付款要60万元，组合贷款140万元20年期，月均还款9200多元，每月支付的利息就要3000多元，而同类房子月租金也就2000多元。显然，还银行20年的借贷利息，相当于甚至高于租20年房的租金费用。如果再算上装修和首付款的利息，每年节省的资金可能就有上万元。如果将首付款和装修费用投资到收益更高的地方，会不会更加合算呢？另外，对于一些需要大量贷款才能购房的年轻人而言，大量的贷款无疑会抑制他们的发展空间，选择租房可能更适合他们的成长。

　　相对而言，适合买商品房的人群相对应该成熟一些，包括工作多年、经济实力雄厚的中产阶层，还有些置业升级愿望强劲的购房者，也可以卖掉旧房购置新房，满足对生活品质的追求。此外，准备结婚的新人如果资金不足的话，二手次新房也是不错的婚房选择。

　　不过，买房需承担较大的财务成本，除了首付款之外，每月还需拿出收入中的一部分来归还银行按揭贷款，这需要相应的资金实力来保证。因此对于买房来说，需要认真提前筹划，而不能马虎，否则会让自己陷入被动境地，比如买房后生活质量陡然下降，甚至当上"房奴"。而且，不可否认买房投资成分较大，房产作为不动产，除了具有居住这

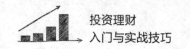

项主要价值属性外，还兼具投资功能，只要它存在着，它的价值就会存在，从长期来看，在一个比较成熟稳定的房地产市场，投资房产的回报率是围绕着贷款利率上下波动的。

在一些房地产价格保持稳定的发达国家，住房的自有率基本保持在60%～70%这样的水平。而在房地产市场逐渐趋于理性的大背景下，房租支出一般不会低于存款利息，租房和买房都不会出现太大的差异。

总之，究竟是租房还是买房，取决于各自的生活方式。当然，对于租房买房哪个更适合自己，还要全面考虑生活、工作、将来或现在子女培养、教育等方面的需要等综合因素。

如何挑选自住型房产

彼得·林奇在他的作品《成功的投资》一书中提到，在进行股票投资前先拥有一套自己的房子，买房是一项大多数人都能做好的投资。

巴菲特也在2010年致股东的信中写到，他将购买位于奥马哈的自住房产看成人生的第三成功的投资，因为他仅仅花了3.15万美元就能和家人获得52年的美好回忆，并且还在继续受益。

对中国人来说，拥有一套自住型房产的幸福是很难用金钱来衡量的，因为它是一个家的载体。同时，买房是件大事。买一套房，可能就意味着两代人共同为了一辈子的居住条件买单。付出如此大的代价购买的商品，怎么能不谨慎呢？

市民覃先生于2013年购房，购房时，开发商的宣传广告上注明，小区内将配套1000平方米的会所，还有数千平方米的绿地供老年人休闲娱乐。交房后，承诺的会所变成了对外经营的酒楼，绿地也变成了停车场。覃先生气愤地表示，当初选择这个小区，就是看中配套齐全，环境优越宜养老。现在承诺无法兑现，开发商却以合同未出现相关约定为由拒绝兑现。

这种现象在日常生活中非常常见。购房人一定要清楚，广告及销售人员所承诺的事项法律上是以书面合同约定为准，购房者在购买商品房时应注意合同上是否标明相应的条款。或者通过留存资料，甚至手机拍照等方式取证，以便在产生纠纷时更好地维护自身权益。除此之外，以下问题尤其要注意：

1. 位置

在诸多影响房产增值的因素中，位置是首当其冲的。土地资源是有限的、稀缺的。一块土地上如果盖了住宅，就不能在用来耕地或修路。此外，土地资源无法移动，其附着在上面的各种设施（如基建、医疗设施等）都不可移动，这意味着不同区域的房地产无法形成竞争。

2. 了解开发商口碑

购房者在购房前要查清开发商的背景、主管部门、注册资金及建设部门颁发的房地产开发资格证书等情况。许多房地产公司虽然挂的是国有或合资的大招牌，但实际上是个人所有或个人承包，建设资金完全靠购房者预付的购房款完成楼盘开发。

3. "五证"要齐全

"五证"是指房地产商在预售商品房时应具备"建设用地规划许可证"、"建设工程规划许可证"、"建筑工程施工许可证"、"国有土地使用证"和"商品房预售许可证"。有的房地产企业为了资金回笼，在未取得商品房预售许可证前就销售开发的商品房，收取定金和预收房款，实属非法集资。证件不全将产生两种后果：一是开发企业在不可预料（如房价下跌）的情况下卷款私逃，你所购买的房子将成为"烂尾楼"；二

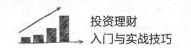

是没有商品房预售许可证可能是房地产企业没有取得土地使用证和规划许可证等证件，这样会导致后期办证难的问题。

4. 参观样板房

一些开发商为了使空间看上去更加通透、视觉舒适，往往使用高亮度照明，并打通一些墙体，做成开放型厨房或透明式卫生间，这对实际居住来说都是不实用的。一些开发商为了让样板间看上去更宽敞，会将样板间做得比实际房间面积大一些。

其实，开发商会在样板间埋很多"障眼法"，比如将样板间的家具缩小，让空间看起来更大。比如，在样板间的厕所、厨房、客厅等多处安装反光的镜面，让一个60多平方米的户型看起来像80平方米似的。而且，很多时候开发商的样板间都是空地建房，房子卖完了就拆了，到时候业主发现实际房子和样板间不一样，也没证据。

5. 防备规划藏误差

按规定，房屋间距与房屋高度比例最低是1∶1，因为房子的间距直接影响着居室采光、通风、视野和绿化。而有的房地产公司为了减少成本，追求利润，随意缩小房子的间距，给购房者的居住带来不应有的烦恼，同时也会使房产的品质和内在价值降低。现实中很多"买一层送一层""超大赠送面积"等广告铺天盖地非常诱人，其实，冷静思考就会发现，很多时候这些面积的增加却减小了容积率，空间密度会加大，影响居住感觉，而且赠送面积是不会写入合同的，并且没有产权。

6. 提防伪"特价房"

特价房在楼市早已不是新鲜事，但"特价"是否真的是"优惠价"，却要打一个巨大的问号。开发商做特价房的噱头，一般有两类情况：一种特价房价格的确比均价低，但这类房子不乏户型缺陷、朝向缺陷、商业产权（40年）等各种问题；另一种特价房则是以促销活动、节日优惠等各种噱头包装的，在房子原有的优惠空间里做文章，并无实际折扣。

7. 物业收费合理，服务到位

物业管理是一个楼盘生命的延续。物业管理是指业主委托物业服务企业依据委托合同进行的小区管理，包括房屋维修、设备维护、绿化、卫生、交通、生活秩序和环境等管理项目的维护、修缮活动。这些都会直接影响住户的生活质量，也会直接影响楼盘的升值空间。

在了解上述内容之后，购房者在确定购房签订合同时还需要注意以下问题：

（1）使用规范的合同文本。一定要参照最好是采用依据国家工商行政管理总局和建设部制定的《商品房买卖合同示范文本》文件，且不要随意修改。文本是政府机关制定的，已经很好地平衡了开发商和购房人的权利和义务关系。

（2）相关证明文件有效。如果是买期房（在建、未完成建设、不能交付使用的房屋）要查看开发商是否有预售许可证，并要确认自己所购之房在预售范围内；买现房则要查看开发商是否具有该房屋的"大产证"（预售许可证之后取得，即由期房变现房了）和"新建住宅交付使用许可证"。并且还要核对一下其营业执照和开发资质证书，要注意这些证照文件的单位名称是否一致。

（3）买期房要约定条件和时限。所谓交房有两个意思：一是房屋使用权，即实物交付；二是房屋所有权转移，即产权过户。应当在预售合同中对实物交付和产权过户均约定清楚，不能接受没有取得"新建住宅交付使用许可证"的房屋使用交付。

（4）明确具体时间和违约责任。对于期房，由于资金不足而延期交房是常有的事，甚至交不了房的都有。购房者在签订购房合同时，一定要写明交房日期，同时注明通电、通气、通车、通水、通邮等条件，要明确双方违约责任，避免日后不必要的麻烦。

（5）检查房屋质量。在签约时，应查看并检查《住宅使用说明书》

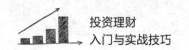
和《商品住宅质量保证书》的内容，并将《商品住宅质量保证书》作为合同的附件，检查是否有开发商对质量问题的责任。

（6）明确物业管理事项，以及双方约定的物业管理范围和收费标准。

要不要考虑二手房

现在不少楼盘的前期房子售罄交房后，部分房主收房后便将手中的房屋出售套现。在很多情况下，同等条件的二手房总是无法卖过开发商的一手房，甚至有些着急交易的房主降价幅度达到 5% 以上。因此，选购这类房子不失为很好的选择。因为新房一般是期房，往往要等待一两年才能收房，这中间耗费的时间也是成本。此外，那些使用过一定年限的二手房产已经装修过，装修部分的价格也要打折扣，就更加超值了。

在二手房买卖中，房龄是影响价格的一个重要因素，其主要体现在室内装修以及外立面、电梯、大堂等公共区域。如今新建住宅的设计使用年限多为50年，实际使用则完全不止，因为使用年限长，所以房产的折旧非常缓慢。从时间维度上看，房产的折旧速度甚至大多数时候低于通货膨胀的速度。

选购二手房除了注意房屋的产权、质量、交通位置、周边环境、单价、物业管理、升值空间等因素外，如果二手房的买卖是通过中介进行的，因二手房交易引发的纠纷较多，二手房中介参差不齐，选哪家中介进行交易，是需要买房人慎重考虑的问题。

1. 对中介进行全面审查

（1）一家中介公司的经营规模越大，旗下的连锁店面越多，其公司的实力就会越雄厚。

（2）审查中介公司的营业执照以确定该公司的营业资质。查看中介公司是否拥有合法的房地产经纪人资质的从业人员，中介公司是否指定有房地产经纪人资格的业务员为你提供中介服务。拥有资质的从业人员在从事二手房交易过程中如有任何违法或对客户不利的情况发生，有关部门将通过相关政府行政措施对其进行相应惩戒，以保障购房者的权益。

（3）审查中介公司的注册资金。按照规定，中介公司的注册资金不能低于买卖一套房子的价格。

（4）审查中介公司与购房者签订的居间合同是否经过备案。二手房交易中对合同的使用要求就是各式合同应在使用区的工商局进行备案，以及时接收工商局的审核，这样就能基本保障消费者的权益。

（5）审查中介公司是否有专业的从业人员负责签约并办理相关的后续服务。专业的中介公司一般会设立专门部门从事签订房地产买卖合同，办理过户、贷款、领证等手续。这样既有利于公司内部工作的协调性，又可以保障交易安全。

2. 关注二手房交易中的细节

（1）订金。购房合同对双方当事人都具有法律约束力，任何一方不得擅自变更或解除合同。如果买房人违约在先，卖房人可不退订金。买房人没有以书面方式明确表态不履约，则房主在未解除合同也不退订金的情形下将房子卖给他人的行为就违反了合同，将要双倍返回订金。若买房人提出退房或解除合同，应要求买房人提出书面解约的申请或声明，以保全对方违约在先的证据，然后才可以将房子卖给第三方。

（2）付款方式。房屋买卖属于大宗交易，双方签订买卖合同时，应对付款流程、方式和时间做出明确、具体的约定。目前中介公司已经与国内银行共同开发了二手房交易资金托管业务，由银行作为担保人。买房人先在银行开设一个经管账户，并将房屋首付款或者全部价款存入该账户。当买房人确定已经安全办理了房屋过户手续后，就可通知银行将该笔存入的房款转给卖房人。这样可以保证资金安全。

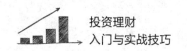
（3）不动产权证书。不动产权证书是证明房主对房屋享有所有权的唯一凭证，没有办理不动产权证书对购房人来说有得不到房屋的极大风险，因此购房者需要特别注意以下几点：

①房屋产权是否明晰。如有些房屋是为继承人共有的、家庭共有的，还有夫妻共有的。购买这样的房子，必须和全部共有人签订房屋买卖合同，否则无效。

②土地情况是否清晰。买二手房时买房人应注意土地使用性质，看是划拨还是出让。划拨土地一般是无偿使用，政府可无偿收回。同时，应注意土地使用年限。

③福利房屋交易是否受限制。房改房、经济适用房本身是福利性质的政策性住房，转让时有一定限制，买房人购买时要避免买卖合同与国家法律冲突。

④明确房屋的具体情况。签订合同一定要写清房屋的具体情况，如地址、面积、楼层等。对房屋实际面积与产权证上注明的面积不符的（如测绘的误差、某些赠送面积等），应在合同中约定，是以产权证上注明的为准，还是双方重新测绘面积，必须明确。

⑤明确房价具体包括哪些设施。在协议中注明，屋内哪些设施是在房价之内，哪些是要另外计算费用的。如房屋的装修、家具、煤气、维修基金等是否包括在房价之内。

⑥注意要把口头的各种许诺，变成白纸黑字的书面约定。

总之，买房子是人生大事，二手房交易尤其需要谨慎。

怎样让二手房卖个好价钱

出售二手房时如果能有针对性地对二手房进行装修，能对房价的提升有一定助益。

（1）清扫打扮房屋。干净、整洁、漂亮的房子对买家的吸引力是毋庸置疑的，要想使房子早日脱手并且能卖出好价钱，建议在卖房之前彻底清扫房间。把房间的玻璃擦洗干净。房间墙面若有损坏，也要及时修补。当然如果能够把房子重新粉刷一遍的话就更好了，而这种成本在卖价中大多也是能够收回的。

（2）检修煤气、水、暖气管道及厨卫的再装修。大多数买家非常注重房屋的使用功能。检修煤气、水及暖气管道，确保其正常运转，这无疑会给买家带来强烈的信心。另外，厨卫是住所的重要设施，卖房前整修厨卫，换掉脏乎乎的橱柜灶具和盥洗设备等，这些花费并不是很大，却能给房子增色不少。

（3）对基础设施的维修和改进。基础设施的完善是房屋物有所值的保证。假设屋子里的厨房装修一新，非常漂亮，但水龙头是漏的，怎么可能卖出好价钱呢？因此，如果决定出售房屋的话，一定要先解决房子结构和配套系统的问题，虽然这些问题可能比较棘手或处理起来比较麻烦，但也必须先处理完毕。然后再动脑筋使其焕然一新，卖出好价钱。

在将房子收拾一新之后，即可找一家信誉好、口碑佳的大型中介公司与其签署房产买卖委托协议。推荐使用"独家代理"的形式把房产委托于指定的中介公司进行销售。这样可以避免多家中介公司同时打搅房主的正常生活的现象。然后就是和中介带来的看房客户谈判的过程了。

在二手房买卖过程中，讨价还价是不可避免的环节，所以必须学会谈价。作为销售方，你应该如何让对方接受你给出的价格？现在就来学习一下几个技巧吧。

（1）价格评估。房屋交易时，房价是买卖双方博弈的焦点，业主总觉得价格已降到了最低点，买家又觉得价格还是太高。因此，在做出卖房决定之前，先为房子做一个准确的价格评估是非常必要的。房主可以

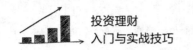

从住宅的地理位置、交通状况、建筑年代、建筑形式、建筑质量、房型结构、物业管理、社区环境、生活设施配套等方面来对房子进行全方位的评测。除此之外，还可以收集一些在网络、报纸或中介公司发布的类似房源的价格做比较，并采用参考市场当前最近期的成交价格来给自己的房子定价。

（2）找对买家。要想将房子卖出好价钱，找对买家是关键。所谓找对买家，就是找到那些家庭生活的习性需要与房子的品相特点相互适合的买家。要做到这一点，首先要弄清自己的房子最适合什么样的家庭生活习性和需要；然后再弄清有着这样需求的买家主要分布在哪些群体里；最后找到他们，把房子卖给他们。这样，通过对买家进行正确的群体辨识和定位，房主就可以找到最看重自己房子的买家，让房子实现"情人眼里出西施"的效果。

（3）对自己的房子进行投资分析。一个人买房，不仅只是为了居家生活，同时也是一项投资，并且是一项数目不小的投资。如果你已经跟买家让价不少了，可购房者依然觉得房子的价格高，那么作为房主应将房子的未来升值潜力当作一张重要的牌，并且让这些魅力点深深地吸引住购房者的心理视线。因此，房主需在了解房子的基础上，在专业人士的协助下，挖掘房子的优势，让买家明白其所出的价格确实已经是最低价，不能再让步了。

（4）别着急报价。报价也是要讲究时机的，当你发现买家在看到房子的时候，表现出的是喜爱、愉悦的情绪，那么报价的时候就可以报高一些，因为既然他们已经很喜欢房子了，自然对价格上的计较也就少一些。但若是他们并没有表现出多喜欢这套房子，那就可以报得低一些，也许他们会因为这套房子价格低就买下来。

（5）高开低走。如果你在报价的时候报的是一个相对比较高的价格，那么当对方在跟你谈价的时候，你就可以一点一点地让价给他们，而不是特别痛快地直接把最低价给他们，另外，也别忘了一定要表现出特别为难的样子，这样才可能让买家真正觉得自己拿到了实惠。

在应用以上谈判策略，买卖双方达成协议之后，即进入二手房买卖的实质性阶段，即签约和过户。当然这里也有一些问题需要引起注意：

（1）签署房屋买卖合同。当买方确定购买意向时即可约定时间签署房屋买卖合同。房产的卖方在合同中应注意定金的交付时间、剩余房款的交付方式和具体时间、办理产权过户的时间、交房的时间、补充协议、买卖双方的违约责任等条款的细则。

（2）办理房屋产权过户手续。因前期房主已经与中介公司签署房产买卖委托协议，故中介公司应指派专人进行协助。买卖双方在提供了相关文件后只要亲临过户大厅进行过户认证签字就可以了。

（3）电话和网络的注销。在签署完房产买卖合同后，房主应对该房产中使用的电话及网络结清费用并申请注销或与新房主协商解决。

（4）物业交割。这是二手房交易流程的最后环节，卖方应会同买方和中介公司到所在小区的物业管理公司当面结清原房主应缴纳的物业费、供暖费、停车费、水、电、天然气等费用。并由物业或中介公司出具物业交割单，由新房主与该物业公司签署物业服务协议。

至此，二手房交易圆满完成。

附录

2018 年你的理财规划

在做具体的理财规划之前，首先要对自己 2017 年的财务状况进行总结和分析，包括年度支出总额、是否有负债等。要知道自己有哪些是必要支出、收入状况如何、负债需要多久才能还清等，才能制定出更合理的理财规划方案。

其次要制定合理的收支预算，包括年度和月度，两者都要按照量入为出的原则进行制定。你要知道新的一年可能有多少收入进账，同时参考上一年度的财务状况，确定新一年的必要支出，及要存下来多少钱。

在制定了收支预算后，还得确定个人或家庭的年度理财目标。比如年度存款达到10万、获得总投资金额8%的收益等。这样增加自己理财的动力，明确奋斗方向。接下来就是寻找合适的投资渠道，实现"钱生钱"，加速财富增值。

1. "宝宝"类：稳健，可配置

2018 年，预计银行理财产品及互联网"宝宝"类产品的预期收益率将维持在较低的水平上。尽管收益率不高，但作为稳健的理财产品，银行理财产品及互联网"宝宝"类产品仍值得配置。

2. 股市：有望恢复性上涨，可期待

2018年，在房地产市场遭遇严格调控后，大量的资金进入股市也是顺理成章的事情。随着企业去库存任务的完成，煤炭、钢铁、水泥、有色金属等原材料的价格将出现上扬，企业的利润也有所增长。在业绩改善和资金的推动下，股市有望呈恢复性上涨行情。

3. 楼市：刚需购房好时机，议价空间加大

2018年，三四线城市的库存依然巨大，热点城市的房产又受到调控政策的打压，房价很难再像过去几年那样大涨，部分楼盘可能还会因为开发商的资金原因而出现降价。在2018年，显然房地产并不是一个很好的投资选择。但对有购房资格和实力的刚需购房者而言，2018年反而是一个购置房产的好时机。

4. 汇市：2017年人民币还会贬值吗

人民币贬值对日常生活的影响不大。只是对有美元需求的人来说，会有一定的影响，如赴美留学、旅游和购物的成本显著提升。应该看到，在强势美元的背景下，人民币兑英镑、欧元及新兴市场货币还是保持了走强的态势。

5. 黄金：避险功能别忘记

黄金近几年处于颓势，并不在高点。虽然美元走强会导致金价受压抑，但"黑天鹅"事件发生时，也会令金价短期出现暴涨。在一些不确定事件发生前，买入黄金，一旦飞出"黑天鹅"，就可能为我们带来可观的收益。

6. 保险：保障为主，应适当配置

保险公司有"不可倒闭"的法律背书，监管便利。此外，保险公司的"财产保全"（避税等）功能，随着遗产税、资本利得税的风声又起，可考虑适当配置。